누가 민주주의를
두려워하는가

누가 민주주의를 두려워하는가
지성사로 보는 민주주의 혐오의 역사

초판 1쇄 발행 / 2023년 5월 19일
초판 3쇄 발행 / 2024년 3월 26일

지은이 / 김민철
펴낸이 / 염종선
책임편집 / 정편집실·박주용
조판 / 신혜원
펴낸곳 / (주)창비
등록 / 1986년 8월 5일 제85호
주소 / 10881 경기도 파주시 회동길 184
전화 / 031-955-3333
팩시밀리 / 영업 031-955-3399 편집 031-955-3400
홈페이지 / www.changbi.com
전자우편 / human@changbi.com

ⓒ 김민철 2023
ISBN 978-89-364-7936-7 03920

DEMOCRACY

김민철 지음

지성사로 보는
민주주의 혐오의 역사

누가 민주주의를
두려워하는가

창비
Changbi Publishers

일러두기

외래어 표기는 국립국어원 표기 원칙에 따르되, 실제 발음을 고려한 경우도 있다.

머리말

모두가 미워하고 두려워한 민주주의

민주주의는 수천년 동안 혐오, 경멸, 비난, 증오의 대상이었다. 고대부터 근대까지 서양의 사상가들은 하나같이 최악의 정부형태로 민주정을 꼽았다. 자연법과 자연권을 내세운 사람들도, 고대 공화국의 용맹한 자유를 찬미한 사람들도, 근대 공화국의 개인과 사생활의 자유를 지지한 사람들도 민주주의를 비난했다. 그들은 욕망과 비합리성으로 가득한 세상에서 민주정치가 정상적으로 작동하는 것은 불가능하다고 믿었다. 그런 사람들도 더러 있었다는 말이 아니다. 오히려 그렇지 않은 사람이 거의 없었다는 말이다.

정말이다. 민주주의는 수천년 동안 모두의 미움을 받으며 얻어맞기만 했다. 그렇다면,

① 어째서, 민주주의는 공포와 혐오의 대상이었는가.

② 어떤 계기로, 민주주의는 인정받기 시작했는가.

이 책은 위 2가지를 설명할 것이다. 그러나 이 책은 민주주의의 최종적이고 위대한 승리를 찬양하려는 목적으로 저술된 것이 아니다. 한심한 선조들로부터 현명한 우리로 진화했다는 식의 이야기를 들려주

기 위한 것도 아니다. 우리는 과거를 지배하던 생각들을 단죄하기 전에 그것들을 이해하려는 노력을 기울일 필요가 있는데, 이 책은 불완전하게나마 그러한 이해에 이르는 길을 제공하고자 한다. 민주주의를 비난한 사람들의 관점에서 보면, 그들 나름대로는 합당한 이유에서 그렇게 했다. 그러나 반대편에서 볼 때, 이 비난은 부당한 모함이었다. 우리는 양편의 이야기를 모두 들어볼 것이다.

1919년 4월에 제정된 대한민국 임시정부의 임시헌장 제1조는 "대한민국은 민주공화제로 한다"라고 규정했다. 이를 따라 지금 우리 헌법 제1조 제1항은 "대한민국은 민주공화국이다"라고, 제2항은 "대한민국의 주권은 국민에게 있고, 모든 권력은 국민으로부터 나온다"라고 명시하고 있다. 헌법이 처음 만들어지던 때, 이 조항은 사실을 적시한 것이 아니라 이상과 목표를 천명한 것이었다. 그리고 수십년이 흘렀다. 오늘날 민주주의는 진부하고 흔한 이름이 되었다. 격동의 나날은 지나갔고, 더이상 민주주의를 위해 피 흘리지 않아도 되는 시대가 왔다고들 한다. 정말 그럴까? 민주주의는 무엇일까? 우리는 민주국가에 살고 있을까?

이 질문들에 대답하기 위해서는 먼저 **민주**^{民主}가 무엇인지에 대한 입장을 세워야만 한다. 이 하나의 개념으로부터 자유민주주의, 사회민주주의, 경제민주주의를 비롯한 온갖 결합어들이 파생되었고, 이것들이 종종 우리의 사회적·정치적 대화에서 구심점의 역할을 한다. 그러나 우리는 각자의 삶을 살아가기에도 충분히 바쁘다. 그래서 일상적으로 **민주**가 무엇인지 고민하지 않고 마치 정답을 외듯 투표로 지도자를 선출하는 체제, 또는 구성원들이 다수결 의사결정에 참여하는 체제가 민주주의라고 말한다.

또한 투표 제도를 넘어서 권력분립, 표현의 자유, 법치, 무죄추정과 적법절차 준수, 신체 및 재산 불가침과 같은 원칙들, 나아가 다양성이나 소수자·약자 보호와 같은 가치들이 **진정한** 민주주의의 근본이라는 말도 심심치 않게 들을 수 있다. 즉 그런 원칙들이 결여된 민주주의는 올바르지 않으며 **가짜**라는 것이다. 하지만 이런 주장은 무엇보다도 특정한 사고방식을 내면화한 시민을 길러내기 위해, 또는 논쟁에서 상대방을 꺾기 위해 마련된 수사로서 기능하는 경우가 많다. 그러면 민주, 민주적, 민주주의, 민주정과 같은 단어들의 **진짜** 뜻은 무엇일까 하고 물어볼 수 있겠으나, 사실 '진짜 민주주의' 같은 것은 없을 수도 있다. 민주주의의 뜻을 하나로 정해서 타인에게 받아들이라고 강요하는 것이야말로 비민주적인 행태인지도 모른다.

그래도 조금만 더 생각해보자. 투표, 입헌주의, 법치를 민주주의의 본질로 치부하는 사고방식은 시대 불변의 관념이 아니다. 그것은 기껏해야 200년 전 유럽의 자유주의자들이 만들어낸 것일 뿐이다. 그래서 질문을 던져야 한다. 과연 직접민주주의는 좋은 것이지만 현실적으로 불가능하니까 대의민주주의를 시행하는 것인지, 인구가 많아서 국민이 전부 관료가 될 수는 없으니까 투표나 시험으로 대리인을 뽑아서 행정부와 입법부를 구성하는 것이 민주주의인지 물어야 한다. 다시 말해 수천년 전부터 지금에 이르기까지 민주주의의 핵심은 무엇인지 물어야 한다.

이 책은 민주주의를 경멸하고 배척한 사람들의 생각을 읽어내는 것이야말로 민주주의의 핵심을 확인하는 가장 좋은 방법이라는 인식에서 출발한다. 어째서 오랜 세월 민주주의가 광범위한 증오의 대상이었는지 역사를 통해 이해하고, 민주주의를 지지하는 사람들이 등장한 계기와 그 양상을 추적한다. 특히 그들의 주장과 운동이 어떤 장애물에 부딪혔는지, 그들이 무슨 힘으로 그 장애물을 넘어서려 했는지, 과연 장애물을 성공적으로 극복했는지에 중점을 두고 서술해나갈 것이다.

이런 접근법과 서술전략을 **지성사**라고 부른다. 1950~60년대 기존 정치이론학계와 사상사학계의 아전인수 방식의 사료 해석에 반기를 들면서 포콕J. G. A. Pocock, 혼트István Hont, 스키너Quentin Skinner, 와트모어Richard Whatmore 류類의 지성사적 접근법은 진보, 보수, 자본주의 같은 현대의 범주와 기준으로 과거를 재단하지 않으려고 노력한다. 그리고 소량의 사료에서 과도한 해석을 추출하는 것을 경계하고, 오래전에 죽은 사람들이나 그들의 신념을 도덕적으로 단죄하거나 찬미하는 것도 삼간다. 그보다는 부지런히 많은 사료를 보고, 과거 여러 시대 각각의 맥락과 관점에서 당대인들의 고민을 성실하게 엿들어보는 것이 중요하다고 생각한다. 그렇게 함으로써 우리는 손쉬운 진리와 시공간을 초월하는 개념·전제·범주에 현혹되지 않고, 오히려 의도대로 풀리지 않는 인간사가 중첩되어 만들어진 이 세계에 더 가까이, 더 정직하게 다가갈 수 있을 것이다.

그렇기에 이 책은 민주주의가 좋은지 나쁜지, 또는 옳은지 그른지를 직접 따지기보다는 그것의 좋고 나쁨, 옳고 그름에 관한 사유의 역사를 펼쳐 보일 것이다. 우리는 과거의 사람들이 주변 세계의 형상을 어떻게 그려냈는지와 그로부터 어떤 희망과 불안을 품었는지 파악함으로써, 그들이 만들어서 우리에게 물려준 세계를 더 잘 이해하게 될 뿐만 아니라 우리의 삶을 더 신중하게 직조하게 될 수도 있다.

2천년의 역사를 따라간 뒤, 책의 말미에서 우리는 결국 민주주의가 무엇인지 다시 고민할 것이다. 그렇지만 그 답을 찾기 위해 현대사회의 민주성을 수치로 측정하는 각종 제도적 표본이나, 민주주의를 좋은 것으로 전제하고 그것의 활성화를 꾀하는 당위론적 정치철학이나 이론으로 나아가지 않을 것이다. 그 대신에 필자는 역사적으로 민주주의가 하나의 방향성이자 태도이며, 사람들의 생활문화와 정치적·경제적 현실이 결합하는 장이라는 점을 독자들이 이해하는 데 이르도록 돕고자 한다.

2부

___

민주주의를 다시 보다
혁명 이후

The Intellectual History of Democracy

"국민이 다스리는 나라"

흔히 **민주주의**라고 쓰는 단어는 현대에 만들어낸 **기술적** 용어가 아니라, 오래전부터 유럽의 여러 언어에서 사용되어온 **역사적** 개념이다. 즉 명확한 의미를 갖도록 특정 분야 전문가들이 서로 합의하여 세세하게 규정한 과학적·객관적 용어가 아니라, 오랫동안 온갖 상황에서 다양한 방식으로 사용되어온 복잡한 개념이다.

이 사실을 인식하는 것은 매우 중요하다. 기술적 용어가 아닌 역사적 용어의 경우, 같은 단어가 시대와 장소에 따라 어느 정도의 핵심적 유사성은 갖지만 구체적으로는 의미가 상당히 다를 수 있기 때문이다. 예를 들어 **라면**은 한국, 중국, 일본에서 모두 밀가루 면 요리를 뜻하지만, 국가별·지역별로 미묘한 차이가 있다. 한국의 인스턴트 '라면'과 일본의 '라멘'이 다르듯, 그 미묘한 차이는 실제로는 매우 큰 차이일 수도 있다. **민주정**도 마찬가지다.

연원을 따져보면, 서로 비슷하게 영어로 democracy, 프랑스어로 démocratie, 이탈리아어로 democrazia, 독일어로 Demokratie로 쓰는 이 개념은 그리스어 dēmokratiā에서 유래했다. 이 단어는 흔히 **인민**으로 번역되는 **데모스**^{dêmos}와 **통치**로 번역되는 **크라토스**^{kratos}가 결합하여 만들어졌다. 이 어원을 따르자면 인민이 통치하는 것이 **데모크라티아**, 즉 민주정·민주주의인 것이다. 이 단어에서 중요한 것은 민주정에서 인민이 하는 일이 **투표**가 아니라 **통치**라는 점이다. 인민이 통치하는 민주정이란 인민이 대표를 뽑고 뒤로 물러나는 정치체^{政治體}가 아니라 스스로 국사에 관여하는 정치체다.

여기서 국민^{國民}과 인민^{人民}이라는 단어에 대해서 짚고 넘어갈 필요가 있다. 현재 용법대로의 **국민**은 영어와 프랑스어의 nation에 해당하는 단어를 일본에서 19세기에 번역한 말인데, nation은 **민족**으로도 번역된다. **인민**은 영어의 people, 프랑스어의 peuple, 이탈리아어의 popolo에 해당하는 개념을 번역한 것으로, 역시 일본에서 탄생한 조어다. 냉전 상황에서 북한이 공식적으로 **인민**이라는 단어를 애용하다 보니 우리 사회는 그 단어를 피하고 **국민**이라는 단어를 더 많이 쓰고 있다.

그러나 **국민**은 국가의 존재를 전제한 다음에만 사용할 수 있는 개념인 반면, 사회나 국가가 형성되기 전에 존재하는 것이 바로 **인민**이다. 따라서 국가가 존재하기 전에 먼저 그것을 형성하는 권리, 또는 정부나 헌법의 상위에 있는 결정권이라는 뜻의 **주권**^{主權}을 이야기할 때는 국민보다 인민이라는 단어를 쓰는 것이 더 정확하다. "국민이 모여서 합의한 끝에 사회를 창설하고, 그 사회를 운영하기 위해 국가를 형성했다"는 문장은 성립이 안 되지만, 이 문장에서 **국민**을 **인민**으로 바꾸면 말이 된다. 인민은 국민, 신민, 시민보다 더 근본적인 개념인 것이다. 그렇다보니 학자들이 강연회에서 자연스러운 학술어인 **인민**을 사용하다가 청중으로부터 "당신 사회주의자 아니냐"는 냉전기를 연상시키는 불평을 듣기도 한다.

그러나 우리는 특정한 국가에 소속되어서 그 나라 실정법의 통치를 받기 이전에 이미 존재하는, 국가 성립 이전의 개인과 군중을 포괄해 생각해볼 필요가 있다. 사회계약, 주권, 통치에 얽힌 온갖 역사적 이야기를 풀어내기 위해 필자는 우리에게 더 익숙한 **국민** 개념을 잠시 옆으로 밀어놓고, 다소 낯설더라도 더 정확한 **인민** 개념을 사용할 것이다. 우리에게 익숙한 전제와 사유의 굴레를 벗어던질 필요가 있다. 특히 서양에서 **민주** 개념에 새겨져 있는 **민**과 **주**의 뜻을 풍부하게 맛보려면 냉전 이데올로기에 속박된 언어습관에서 해방되어야 한다.

| 민주주의, 민주정, 민치정

한발 더 나아가보자. 오늘날 우리는 손쉽게 **민주주의**라는 번역어를 사용한다. 그렇지만 서양어에서 dēmokratiā와 그 파생어들은 어떤 **이념**이나 이론체계('~주의')가 아니라 **정부형태**를 가리키는 말이다. 따라서 민주주의보다 **민주정**이 개념의 원래 의미에 더 가까운 말이다. 또한 dēmokratiā와 그 파생어들은 인민이 **주인**이라는 뜻을 담고 있지 않다. 앞서 말했듯 그 단어들은 인민이 **통치함**을 뜻한다. 즉 번역에 수반되는 필연적 한계를 감안하더라도 최대한 뜻을 정확하게 옮기려면 민주주의도 아니고 민주정도 아닌 **민치정**이 되어야 한다.

그러나 이제 와서 민주주의라는 말을 버리고 민치정이라는 말을 쓰자고 주장하는 것은 비현실적인 제안일 것이므로 이 책에서 dēmokratiā는 민주정이나 민주주의로 새길 것이다. 하지만 그 단어의 서양 원어에 담긴 뜻은 민'주'가 아니라 민'치'라는 점을 독자들이 이 책을 읽는 동안 계속 기억해낸다면, 민주주의를 역사적으로 고찰한 다는 것의 의미를 더 잘 이해하고 자기 것으로 소화하는 데 도움이 될 것이다. **치**治와 **주**主의 차이, 즉 인민이 국가를 통치하는 것과 인민이 국가의 주인인 것의 차이를 이해하는 것은 중요하다. 그 이유는 다음과 같다.

① 국가의 주인이라 하더라도 국가를 다스리지 못한다면, 운영과정에서 소외되고 실제 결정권은 갖지 못한 채 그 결과에 대해서 책임지기만 해야 하는 상황에 처할 수 있기 때문이다.

② 공화주의, 자연법, 자연권, 투표와 같은 정치이론과 제도가 발전해가는 속에서 유독 민주주의만이 오랜 세월 공포와 혐오의 대상이 되었던 이유를 이해하기 위해서는 이 차이를 알고 있어야만 하기 때문이다.

민주정은 인민이 통치하는 정부형태이다. 이것은 서양어의 뜻에 가장 잘 들어맞는 방식으로 민주주의를 규정한 것이다. 즉 개념적으로 민주주의는 1명의 군주나 소수의 귀족이 아닌 다수의 인민이 국가를 다스리는 경우를 가리킨다. 군주 1인이 통치하는 정부형태를 **군주정**이라고 부르는데, 이때 왕좌는 보통 혈연관계에서 세습되지만 반드시 혈통에 따라 세습되는 것은 아닐 수도 있다. 소수의 귀족이 통치하는 정부형태를 **귀족정**이라고 부르는데, 이때 통치하는 귀족집단에 소속될 권리 역시 반드시 혈통에 따라 세습되는 것이 아닐 수도 있다. 이처럼 세습이라는 요소가 필수적이지 않다면, 귀족정과 **민주정**의 차이는 무엇인가? 고대 그리스 시대부터 근대 이전까지 이 두 개념은 **투표**와 **추첨**으로 구분되었다. 귀족정은 뛰어난 사람들을 투표로 선출해서 통치하게 만드는 것이고, 민주정은 능력에 상관없이 인민 중에서 추첨을 통해 관직에 앉을 사람을 고르는 것이다.

따라서 오늘날의 선거 제도는 귀족정에서 유래했다고 볼 수 있으며, 이 기준으로 따져보면 우리가 지금 민주주의 국가라고 부르는 나라들 중 과거 서양의 기준에서 민주정으로 분류될 나라는 거의 없다. 추첨으로 시민을 **아무나** 중요한 공직에 임명하는 나라가 지금 있는가? 현재 대통령, 국무총리, 장관, 국회의원을 추첨으로 뽑는 나라가 있는가? 오히려 대부분의 나라가 귀족정으로 분류될 것이다. 현대 민주주의의 실제 작동 방식 아래에 깔린 이념은 뛰어난 능력을 가진 사람들을 찾아서 투표로 선출하여 그들에게 공직을 맡기고 권력을 쥐어주는 것이기 때문이다. 이는 근대 초 유럽에서 귀족정의 원리로 간주되던 것인데, 다르장송 R.-L. marquis d'Argenson 의 다음 글은 이런 인식의 전형적인 예를 보여준다.

우리에게 알려진 가장 완벽한 귀족정의 사례는 베네치아공화국이다. 베네치아공화국에서는 군중이 아니라 가장 신중하고 사려 깊은 귀족 중에서 선출된 사람들에게 국가중대사의 결정권을 맡겼다.

이 글이 유통되던 1738년으로부터 40~50년 뒤에 미국혁명(1776)과 프랑스혁명(1789)이 일어났다. 지금으로부터 약 250년 전이다. 그후부터 서서히 우리는 더이상 투표 제도와 민주주의를 서로 대립하는 것으로 여기지 않고, 오히려 서로 가까운 것으로, 심지어 제도적 차원에서는 비슷한 것으로 여기게 되었다. 그런데 이런 변화가 혁명이 일어나자마자 즉시 발생한 것은 아니다. 투표와 민주정의 결합이 자연스러운 것으로 여겨지게 된 것은 주요 혁명들이 일어나고 수십년이 지난 뒤의 일이었다. 이 **전환**이 어떤 이유로, 그리고 어떤 방식으로 이루어졌는지를 살펴보는 것이 이 책의 핵심이다.

┃통치와 주권은 다르다

먼저 짚고 넘어가야 하는 것이 바로 통치와 주권의 차이다. 18세기 말, 미국과 프랑스의 혁명가들은 적극적으로 투표 제도를 활용했다. 그러나 그들 중 자기 나라에 **민주정**을 건설하겠다는 의도를 가진 사람은 극소수에 불과했다. 단적인 예를 들어보자. 우리가 근대 민주 혁명이라고 부르곤 하는 프랑스혁명(1789~1799)의 첫 3년간 국회의원직을 거친 사람의 수는 2,000명에 이른다. 그런데 그들 중 민주주의라는 단어를 긍정적인 뜻으로, 그것도 공개적·적극적으로 사용한 사람은 10명이 채 되지 않는다. 개혁가들은 그 정도로 민주주의를 부정적으로 바라봤는데도 어떻게 투표 제도를 지지하고 안착시킬 수 있었을까? 오늘날 우리의 관점에서는 혼란스러운 상황이다. 그러나 당시 관점으로 되돌아가 생각해보면 이것은 자연스럽고 당연한 일이다. 왜냐면 그 시대의 지식인들은 정부를 규정하는 **통치**의 준칙과 국가의 원리를 구성하는 **주권**의 원칙을 철저하게 구분했기 때문이다. 통치와 주권의 차이를 더 자세히 들여다보자.

우리가 **민주정**이라고 번역한 개념이 사실은 **민치정**을 뜻한다는 사실을 다시 상기해보면 혼란을 줄일 수 있다. 즉 18세기 미국과 프랑스에

작가 미상 「베르사유로, 베르사유로」(À Versailles, à Versailles), 1789, 프랑스국립도서관(BnF)
1789년 10월 5일과 6일에 파리의 여성 수천명이 생활고에 항의하며 베르사유로 진격해 국왕과
의회를 파리로 옮기게 만든 사건을 기념하는 판화. 이것은 초기 혁명의 향방을 완전히 바꾼 대
사건이었으며, 몇년 뒤 많은 작가들은 이 사건을 가리키며 "우매한 여성들"의 베르사유 행진이
"민주정이라는 마귀"를 풀어놓았다고 한탄했다. 판화는 빗속에서 6시간의 행군을 마친 민중의
피로와 긍지를 표현했다.

서 혁명을 일으킨 개혁가들은 인민이 나라의 **주인**이라는 점을 반영하
는 제도를 설계하려고 노력하는 한편, 인민이 나라를 **다스리는** 일은 일
어나지 않게끔 하려고 고심했다. 주권의 원칙으로서는 인민주권론을
긍정하되 통치의 준칙으로서는 민주정(즉 민치정)을 부정한 것이다.
　17~18세기 유럽의 인민주권론은 원래 국가가 성립하기 위해서는
반드시 국가를 이루는 사람들의 (파편적) 집합체를 하나의 (통일된)

단일체로 묶는 과정이 필요하다는 인식에서 나온 국가이론이다. 인민주권론에 따르면 인민이 국가의 주인이며 **주권**을 갖는다. 그렇지만 인민이 실질적·구체적 통치행위의 객체가 아닌 주체가 되어야 한다는 주장을 그 속에 담고 있는 것은 아니다. 인민주권론자는 인민의 주권을 대리해서 행사하거나 주권자의 뜻을 받들어 집행할 왕, 귀족, 기타 대표자들의 존재를 긍정한다.

우리는 지금 영어 democracy를 **민주주의**라고 번역해서 널리 사용하고 있다. 19세기 말 일본에서 **민이 국가의 주인**이라는 인민주권론의 관념이 **민이 통치하는 정부형태**라는 뜻을 갖는 **민치정**^{democracy}의 번역어로 채택되었기 때문에 그렇게 된 것이다. 당시에는 공화국, 민치정, 인민주권, 민주주의가 복잡하게 교차 번역되었다. 이러한 번역어의 채택 때문에 국민이 나라의 주인이 되는 것이 곧 민주주의의 원칙이라고 손쉽게 말할 수 있게 되고, 그 순진함 속에 **미묘한 방식의 귀족정**이라는 함정이 스며들게 된다. 왜 그럴까?

많은 개념어가 한꺼번에 등장해서 혼란을 느낄 독자를 위해 덜 관념적인 예를 들어보겠다. 내가 주식에 투자한 돈은 투자할 금액과 투자처, 매수 시점과 매도 시점을 전적으로 내가 결정하고 실행하고 책임진다. 이것이 우리가 민주정이라고 번역하는 서양어의 원래 뜻인 **민치**에 가깝다. 반대로 내가 펀드에 투자한 돈은 분명히 내 돈이지만 내마음대로 운용할 수 없고 펀드매니저의 마음대로 운용한다. 그 운용의 결과에 따라 이익이 날 수도, 손해가 날 수도 있다. 그런데 나는 내가 운용하지 않는 내 펀드의 손익결산을 무조건 받아들여야 한다. 이것이 **민주**라는 번역어의 의미에 더 가깝다. 이 사례에서 보듯이, **민주주의**는 해당 개념의 원래 서양어인 democracy의 문언적·역사적 의미와는 분명히 거리가 있다.

비민주적 인민주권론의 논리는 펀드와 유사하다. 나라가 국민의 것이라고 해서 국민이 나라를 마음대로 움직일 수는 없다는 말이다. 그럼에도 국가가 강해지건 약해지건, 경제가 성장하건 쇠퇴하건 그것을 감당하는 것은 고스란히 국민의 몫이다. 다시 말해 인민이 국가의 주인으로서 주권을 갖지만 국가의 운영에 직접적·실질적으로 참여하거나 개입할 수는 없는 상황, 이것이 바로 인민주권론을 받아들이되 민주정을 거부한 서양의 개혁가들이 목표로 삼은 상황이었다.

우리가 펀드와 주식의 차이를 쉽게 인지하듯, 인민주권론과 민주정의 불일치는 당시 서양에서 너무나도 흔하고 자연스러운 사고방식이었기에 체계적인 설명과 정당화가 필요하지 않았다. 오히려 그것과 다른 방식으로 생각하며 인민주권론과 민주주의의 결합을 지지한 극소수의 사람들이야말로 자신들을 정당화해야 하는 처지에 놓여 있었다. 인민이 국가의 주인이라는 이론, 나아가 로크^{John Locke}나 루소^{Jean-Jacques Rousseau}의 유명한 사회계약 이론들은 민주정을 최선의 정부형태로서 처방하지 않았다. 오히려 그 이론들은 인민주권론이 군주정, 귀족정, 민주정(이 아니라 **민치정**), 혼합정과 모두 결합할 수 있다는 점을 역설했다.

가독성을 위해서, 이제부터 이 책에서는 더이상 민치정을 괄호 속에 넣어서 보여주거나 민주정 개념이 민치정이라는 뜻으로 이해되어야 한다고 반복해서 설명하지 않고, 그저 **민주정**이라고만 쓰겠다. 이념을 가리키는 경우 또는 기타 맥락상 필요하면 **민주주의**라고도 쓸 것이다. 다만 민주정이라는 말이 **민이 국가의 주인인 상태** 또는 **민이 최고결정권을 손에 쥔 채 잠자고 있는 상태**를 가리키기보다는 **민이 상당한 정도로 직접 통치에 참여하는 정부형태**를 가리켰다는 사실을 잊지 않는 것이 중요하다. 오직 그 경우에만 우리는 다음과 같은 중대한 사실을 비로소 이해할 수 있게 된다.

민주주의는 모두에게 미움받았다.

이 책은 ① 왜 수천년 동안 민주주의가 공포와 증오의 대상이었는지, ② 그러한 상황이 18세기 말 유럽에서 어떤 계기를 통해 바뀌게 되었는지를 설명한다. 그것을 똑바로 바라보고 제대로 이해하기 위해서는 언어와 생각에 깃든 미묘한 차이들에 주목할 수 있어야 한다. 언어는 언어에 불과하며 현실이 아니라고 안이하게 생각하다가는 언어가 현실을 구성하고 조작하고 이끌어나갈 수 있다는 점을 잘 아는 사람들에게 휘둘리게 될 뿐이다.

①과 ②를 설명하기 위해 이 책은 모두 2부로 구성했다. 제1부에서는 민주정에 대한 고대, 중세, 근대 사상가들과 정치인들의 생각을 풀어서 보여주되, 그들이 내비친 경멸과 혐오를 한탄하고 비판하기보다는 **이해**하고 **설명**하려고 노력할 것이다. 제2부에서는 서양 근대 혁명기의 사상가들이 최초로 현실적이고 긍정적인 민주주의 이론을 만들어낸 과정을 보여주되, 그것을 단순히 찬양하기보다는 그들이 그 과정에서 마주한 문제들이 무엇인지, 그들이 그 문제들에 어떤 방식으로 대응하려고 노력했는지, 그 노력이 당시의 관점에서 어떻게 평가받았

는지를 살펴볼 것이다. 이 작업을 통해 우리는 민주주의가 경멸과 공포의 대상에서 정당성의 원천으로 탈바꿈하는 역사적 순간을 살았던 당대인들의 관점에서 민주적 정치의 쟁점들을 고찰해볼 수 있을 것이다. 이어서 이와 같은 전환이 19세기 이래로 혁명가의 후손들이 민주주의를 이해하고 활용하는 방식에 어떤 영향을 미쳤는지를 다룰 것이다. 이런 접근에는 무슨 의미가 있을까?

지금 우리는 흔히 인간은 자유롭고 평등하게 태어났으므로 민주주의는 도덕적으로 당연히 옳은 것인데, 그것이 아직까지는 대의민주주의라는 형태로서만 현실에서 구현될 수 있는 것이라서 대통령이나 국회의원 같은 대표를 선출하는 방식으로 실현되고 있다고 생각한다. 기술이 진보할수록 직접민주주의가 강화될 것이라는 견해도 종종 발견된다. 민주주의는 확실하게 옳은 것, 즉 당위이고, 그것을 실현하는 편의적 방식이 대의제라고 보는 셈이다.

그러나 거듭 말하지만 수천년 동안, 불과 18세기까지만 해도 민주주의는 아예 현실적 고려 가치가 없으며 몹시 위험한 망상에 불과한 것으로 간주되었다. 서양에서 18~19세기의 전환기인 **혁명의 시대**에 민주정의 가능성을 이야기하던 소수 민주파 개혁가들은 그것이 위험하다고 생각한 다수 정치인과 지식인의 공포를 다스리기 위해, 민주주의를 유순하게 만들어 통제할 방도로서 고대와 중세의 귀족정 제도인 투표와 대의제를 내세웠다. 대의제는 단지 민주주의를 실현하기 위해서가 아니라 어느 정도 민주주의를 억제하고 순화하기 위해서 민주정과 결합되었던 것이다.

그렇다면 혁명가들이 그간 극심하게 비난받던 민주정을 거기에 굳이 대의제라는 안 어울리는 옷을 무리해서 입혀가면서까지 지지한 이유는 무엇일까? 무엇이 그들로 하여금 미치광이 취급을 받을 위험을 감수해가면서 시류를 거스르게 만들었을까? 우리는 바로 이런 질문을 던져야 한다. 민주주의는 옳은 것이고 좋은 것인데 그것을 실현할 방도를 혁명기가 되어서야 찾아냈다는 식의 승리 서사는 미국혁명과 프랑스혁명 이전에 살았던 모든 사람들을 단순한 바보로 취급할 뿐이다. 이처럼 설득력 없는 승리 서사는 우리로 하여금 과거, 현재, 미래 어느 것도 이해할 수 없게 만든다.

오늘의 잣대를 무리해서 과거에 들이대지 않고, 우선 충실하게 과거를 이해하려고 노력할 필요가 있다. 그럴 경우에만 우리는 더 복합적이고 심층적인 방식으로 현재를 솔직하게 바라볼 수 있게 된다. 역사로부터 배운다는 것은 숭배할 영웅들과 비난할 악당들을 찾아낸다는 뜻이 아니다. 인간사는 옛날에도 지금만큼이나 복잡했고, 과거와 현재 사이에는 무수한 차이가 있다. 우리는 역사를 그대로 반복할 수 없기에, 당장 현실에 적용할 교훈을 과거의 사건에서 추출할 수는 없다. 게다가 현재의 입맛에 맞춰 역사를 왜곡 서술하고 그로부터 교훈을 끌어낸들, 그것은 역사적 교훈이 아니라 상상으로 만들어낸 엉터리 지침에 불과할 것이다.

인간이 복잡하게 뒤틀려 있기에, 역사에도 정해진 경로가 없다. 민주주의에서는 모든 것이 아름답다고, 인류사가 그 아름다움을 향해 뚜벅뚜벅 진보했다고 손쉽게 가정해서는 안 된다. 나아가 공화주의, 자연법, 사회계약론, 계몽사상이 모두 민주주의 편에 서기보다는 당연하다는 듯이 민주주의를 배격했다는 사실을 정확히 알고 있어야 한다.

그 사상가들이 다 옳았던 것도, 다 틀렸던 것도 아니다. 그렇지만 우리는 고민을 내려놓을 수 없다. 이것은 지나간 이야기가 아니라 지금도 정치의 한복판에 있는 쟁점들이기 때문이다. 속 시원한 정답은 없지만 촘촘하고 솔직한 민주주의의 지성사로 여러분을 초대한다.

제1부

"민주정만 빼고"

고대 그리스에서 계몽사상의 시대까지

The Intellectual History of Democracy

고대 그리스와 로마

▎아테네 민주정이라는 모델

민주정은 약 2500년 전 그리스 도시국가들의 정부형태를 가리키는 말로 탄생했다. 그중에서도 아테네의 제도가 가장 널리 알려져 있다. 그래서 민주주의가 무엇인지, 무엇이었는지, 민주정이 약속하는 것과 민주정에 도사린 위험은 무엇인지를 살펴보고자 한다면 가장 먼저 고대 그리스에서 출발하는 것이 순서에 맞다.

원래 귀족정이었던 도시국가 아테네는 오랜 시간에 걸쳐 민주정으로 이행했다. 아테네는 140개의 '데메'^{deme}라는 지역단위로 구성되었다. 모든 개인은 특정 데메 속에서 태어났다. 데메는 삶의 단위였고, 개인은 데메를 경유하여 아테네의 일원으로 살게 되었다. 소년은 18세가 되면 자신이 속한 데메에 성인 구성원으로 등록됨으로써 아테네의 시민이 되었다. 또한 모든 시민은 자신이 속한 데메의 구성원 자격으로 군대에 복무했다. 140개의 각 데메는 상당한 독립성을 지녔다. 데메마다 독자적인 종교적 축제일을 지켰고, 별도의 재정을 운용했다.

한편 모든 아테네 시민은 데메뿐 아니라 '부족'^{phyle}에도 속했다. 이 부족들 또한 각자 별도의 재정을 운용했고, 각자의 '관리'들을 아테네 중앙정부로 보냈다. 전투시 군인들은 부족 단위로 구성원끼리 나란히 배치되었다. 전투가 끝난 뒤 용맹한 전사자들의 명단이 공개될 때, 전사자의 아버지나 데메의 이름은 병기되지 않았고, 명단은 소속 부족 순서대로 기록되었다. 즉 같은 부족에 소속된 전사자들의 이름은 나란히 기록되었다. 자신이 속한 가문, 데메, 부족 등의 어느 하나가 아닌 여러 집단에 중첩적으로 강하게 소속된 상태로 태어나고 성장한 아테네인들은 (특정한 단일 집단이익에 배타적으로 좌우되어본 적이 없었으므로) 오늘날의 정당정치처럼 정파들로 나뉘어 이념적으로 대립하는 일이 없었다.

법적으로 시민이 되기 위해서 아테네 시민계급의 모든 남성은 18세가 되면 도키마시아^{dokimasia}라 불리는 검증 과정을 통과해야만 했다. 이는 각 데메에서 선택된 검증관들이 소년들을 2가지 기준에서 검사하는 절차였다. 첫째, 태어난 지 정말 18년이 지났는가? 둘째, 법률상 아테네인 부모 아래서 자유인으로 태어났는가? 조사 결과 사실은 18세가 안 되었다고 판단되는 경우 후보자는 '시민'이 되지 못하고 다시 '소년'의 지위로 되돌아갔다. 법률상 아테네인 부모 아래 자유인으로 태어나지 않았다고 판단될 경우 해당 후보자는 등록이 거부되었다. 이 경우 후보자는 배심원단 법정에 항소할 수 있었다. 항소에서 패하면 노예로 매각되었고, 승리하면 데메의 검증관들이 그에 대한 책임을 지고 처벌받았다. 이 '검증'에 실패한 경우는 기록에 남아 있지 않다. 실패하는 경우가 거의 없었던 것으로 보인다. 그렇지만 우리는 각 소년이 이 검증 과정을 거치면서 데메의 기존 시민들의 권위 아래 상당한 부담을 느끼는 과정을 거치게 되었으리라 짐작할 수 있다.

　이런 시민들이 통치하는 아테네 민주주의에서 가장 중요한 정치기구는 **민회**였다. 민회에 모인 시민들은 전쟁, 강화, 조약, 동맹, 입법, 사법과 같은 문제들에 대해 최종적인 의결권을 행사했다. 또한 세금, 관리 선출, 시민권·특권 부여 및 박탈 등을 결정했다. 민회는 평균 열흘마다 열렸으니 매우 자주 개최된 셈이다. 선출된 대표들이 아닌 인민이 직접 총회를 열흘마다 열어서 오늘날의 국회와 국무회의에서 결정될 만한 중대 사안들에 대한 토의와 의결을 진행한 것이다.

　민회에서 토의되고 최종적으로 의결된 의제들은 그 전에 법 집행을 감독하는 기관인 **오백인회**에서 협의되고 준비되었다. 오백인회는 10개 부족에서 각 50명씩 추첨으로 뽑힌 인원으로 구성되었는데, 그들 중 부족마다 각 5명씩 1년을 10분기로 나눠서 분기마다 돌아가며 시내에 머무르면서 상설정부의 역할을 수행했다. 오백인회는 전문적인 행정기관이 아니었지만, 이 시기에는 오늘날과 달리 정부가 고도의 기술적인 분화를 겪지 않았으므로, 민회에 지속적으로 출석하지 않던 시민이라 하더라도 오백인회에 소속되게 되면 정무를 처리하는 것이 충분히 가능했다.

　군사지휘관인 장군과 일부 재정관 직은 명망과 역량을 중심으로 선출되었다. 그러나 이것은 원칙이 아니라 예외였다. 그밖의 모든 관직은 추첨으로 채워졌다. 최고행정관인 아르콘도 추첨으로 뽑았다. 대통령을 추첨으로 뽑는다고 상상해보자. 임기는 1년이었고, 한번 재임한 사람은 대개 해당 관직을 다시 맡을 수 없었다. 아테네의 군사적·경제적 전성기에 국가의 관리가 700명 정도였는데, 모두 추첨으로 정해졌다. 추첨으로 뽑힌 사람들이 업무에서 큰 실수를 저지르거나 중요한 국사를 그르치지 않도록, 관직을 위한 추첨 대상이 되는 시민에 대해서는 엄격한 사전 자격 심사가 이뤄졌고 관리직 임기를 마친 시민에 대해서는 사후 감사가 이루어졌다.

| '시민'의 통치

아테네 민주주의의 전성기에 아테네인들이 자신들의 제도와 정신을 어떻게 인식하고 있었는지는 페리클레스의 유명한 추도 연설에서 잘 드러난다. 그에 따르면 아테네는 권력이 소수의 손이 아니라 **전체 인민**의 손에서 나오는 정치체제, 즉 민주정에 의해 다스려지기 때문에 다른 도시국가들의 본보기가 된다. 아테네 민주정에서 공직을 배분하는 원칙은 출신성분이나 재산이 아닌 **능력**이다. 또한 아테네인은 **관용**적이며 서로의 **사생활**에 불필요하게 간섭하는 일이 없다. 아름다운 것에 대한 사랑이 **사치**로 이어지지 않고, 지적 앎에 대한 추구가 시민들을 유약하게 만들지도 않으며, 아무도 **가난**을 인정하는 것을 부끄럽게 여기지 않지만 가난으로부터 벗어나기 위해서 노력하지 않는 것은 수치스럽게 여긴다. 각 개인은 자신의 일뿐만 아니라 **국사와 정치**에도 많은 관심을 기울이며, 말과 행동 사이에 불일치가 없다. 쇄국정책보다는 **개방**적인 상업정책을 펼치는 이 도시국가에서 나라를 지키는 진정한 힘은 비밀스러운 무기가 아니라 시민들 자신의 진정한 **용기**와 충성심이다. 아테네인은 스파르타인처럼 어릴 때부터 혹독한 군사훈련을 받지 않는데도 그들만큼이나 용맹하게 조국을 지킨다. 아테네인들은 진정으로 용감하기에, "인생에서 감미로운 것과 고통스러운 것의 의미를 가장 잘 알고, 그런 다음에 닥쳐올 일들을 맞으러 거리낌 없이 나아가는 자들"이다. 덕분에 아테네는 "실로 위대한 제국"을 건설할 수 있었다는 것이다.

멋진 말이다. 그렇지만 이것이 아테네를 극도로 미화하는 추도연설이었다는 점을 기억하자. 물론 실제로 아테네인들은 민주주의 통치형태를 활용해서 오랜 기간 전쟁에서 이겼고 경제적으로 번영을 구가했다. 아테네의 시민들은 통치에 직접 참여하는 것을 긍지로 여겼다. 그러나 동시에 여성, 아동, 노예, 외국인과 같은 비시민을 엄격하게 정치적으로 배제하면서 자신들의 사회적 지배를 공고히 했다. 가사노동과 모든 중노동은 노예의 몫이었다. 전쟁, 약탈, 유괴 따위의 계기로 강제로 농업·상공업·광업 부문에 종사하게 된 노예들이 인구의 3분의 1을 차지했는데, 그들이 도시국가 지탱에 필요한 대부분의 노동을 제공했다. 그 결과 시민들에게는 고되거나 모욕적인 노동이 면제되었다. 따라서 어마어마한 부의 불평등이 존재했음에도 불구하고 그 어떤 시민도 다른 시민 아래에 있는 것처럼 느껴지는 형태의 노동을 하지 않아도 되었다고 평가받는다.

여자는 남자와 완전히 다른 삶을 살았다. 종교 제의에서 여성은 중요한 역할을 맡았고, 일부 매우 중요한 사제직들은 오롯이 여성의 몫이었다. 그러나 여성은 시민이 될 수 없었다. 여성은 데메나 부족 등의 공적 집단에 직접적으로 소속되지 않았고, 일차적으로 가정의 구성원으로서만 존재했으며 정치에 전혀 참여할 수 없었다. 자유와 권력을 소유한 아테네의 시민들은 당연히 이처럼 자신들에게 몹시 유리한 사회구조에 의문을 제기하지 않았다.

사실은 시민들 간에도 정치 참여에서 불평등이 나타날 수밖에 없는 조건이 있었다. 모든 시민이 집회가 있을 때마다 참석할 수는 없었다. 집회 참가에 대한 수당이 지급되지 않았으므로 가난한 시민이나 토지 노동에 묶인 시민은 집회에 거의 참가하지 못했다. 도심에서 가장 멀리 떨어진 거주지는 그 거리가 50킬로미터에 이르렀으므로 이 거리를 걸어서 왕복하는 것은 상당히 부담스러운 일이었다. 자연스럽게도 아테네 시 중심부에서 먼 곳에 사는 사람들일수록 집회 참가 횟수가 적어지게 되었다. 따라서 그들은 중요한 정치적 의사결정 과정에서 덜 대표되었고, 일부는 체계적으로 점차 배제되었다.

우리 눈에는 이런 특징들이 아테네를 불안정하게 만들 요소로 보일 수 있다. 그러나 아테네는 고대 그리스 세계에서 독보적인 번영을 구가했는데, 그것은 민주정이 상당히 오랜 기간 안정적으로 정착되었기에 가능했다. 이런 정치의 안정과 성공의 핵심적 토대는 노예와 여성을 시민단에서 배제한 뒤 남성시민들이 상당한 정도로 일원화된, 즉 서로 크게 차이 나지 않는 방식으로 살아갔다는 사실에 있다. 시민단의 동질성은 그들이 서로 심각하게 분열하지 않고 민주정을 **공동으로** 운영하게 만드는 데 일조했다. 민주정이라는 단어가 인민이 직접 나라를 다스리는 형태의 정부라는 뜻에서 출발해서 그 뜻을 2000년 이상 그대로 간직할 수 있었던 것은 이와 같은 아테네의 경험이 원동력이 되었기 때문이다.

| 민주정을 거부한 고대 철학자들

그러나 우리는 이 "아테네의 국제(國制)"인 민주정을 직접 경험한 고대 그리스의 사상가들이 전혀 민주주의에 감화되거나 설득되지 않았다는 점에 주목할 필요가 있다. 오히려 고대 철학자들은 압도적인 비율로 민주주의에 반대표를 던졌다. 무엇이 그들로 하여금 승리를 구가하던 민주정을 거부하게 만들었을까?

소크라테스의 제자였던 플라톤은 진정한 현자로 보였던 자기 스승을 죽인 아테네의 민주정을 용서하지 못했다. 그는 민주정이 과도하게 많은 자유를 갖고 있기 때문에 방종으로 흐른다고 판단했다. 그런 자유에는 독이 있는데, 그 독을 제거할 만큼의 교육을 받지 못한 민중의 어리석음, 경험 부족, 비전문성이 국가를 근본에서부터 좀먹는다는 것이다. 특히 플라톤의 관점에서 볼 때 나라를 다스릴 능력과 자격을 갖추지 못한 시민이 추첨을 통해 관직에 앉게 된다는 점, 그리고 그런 사람들이 민회에 모여서 중차대한 국가적 결정을 내린다는 점이 위험했다. 이런 이유를 들어, 그는 "무지한" 인민의 통치를 거부하고 현명한 철학자의 통치와 엄격한 집단교육·공동소유 체제를 꿈꿨다.

플라톤의 제자 아리스토텔레스는 정부형태 유형을 크게 6가지로 나누는 당대의 전형적 분류법을 따랐다. 1명이 통치하는 군주정과 그것의 안 좋은 형태인 참주정, 여러 사람이 통치하는 귀족정과 그것의 안 좋은 형태인 과두정, 모든 시민이 통치하는 민주정과 그것의 안 좋은 형태인 중우정. 그러나 그 자신은 이 분류를 다시 **민주정**과 **과두정**이라는 2가지 근본유형으로 나눴는데, 구분 기준은 다음과 같다: "다수자인 가난한 자유민이 최고 권력을 잡을 때는 민주정이고, 소수자인 부유한 귀족들이 최고 권력을 잡을 때는 과두정이다."[1] 과두정에서는 시민 몇명이 모든 안건을 심의하는 반면, 민주정에서는 시민 전체가

자크-루이 다비드(Jacques-Louis David, 1748~1825) 「**소크라테스의 죽음**」(La Mort de Socrate), 1787, 메트로폴리탄미술관
대표적 신고전주의 화가 다비드의 회화 작품으로 고대 아테네 소크라테스의 죽음을 극적으로 묘사했다. 당시 프랑스의 정치적 상황에 대한 알레고리로 읽혀 큰 반향을 일으켰다.

모든 공무를 결정한다. 다만 여기서 '민주정'은 투표로 지도자를 선출하는 정부형태가 아니라 **시민들이 직접** 정무를 결정하는 정부형태라는 점을 계속 기억하자.

그런데 실제로 아테네의 민주정은 시민단의 전권 통치라는 원칙, 즉 인민의 뜻이 법 위에 있고 법을 좌지우지할 수 있다는 원칙 위에 세워졌다. 페리클레스의 연설에 드러난 자신감과 자기만족의 분위기와는 사뭇 다르게, 고대 철학자들은 이 원칙이 많은 부작용을 초래했다고 생각했다.

이러한 생각의 전형을 보여주는 사람이 아리스토텔레스다. 그는 통치자의 수에 상관없이, 즉 군주정이냐 귀족정이냐 민주정이냐와 무관하게, "공동의 이익을 위해 통치하는 정부는 올바른 정부지만 사적인 이익을 위해 통치하는 정부는 잘못된 정부"라고 말하면서 민주정이 다수에 의한 사적 이익추구 장치로 전락할 위험을 경고했다. 이 말에는 민주정에 대한 뿌리 깊은 공포가 스며들어 있는데, 그것은 바로 가난한 다수가 "부당하게도 부자인 소수의 재산을 몰수할 것"이라는 두려움이다. 그는 이와 같은 "잘못된 정부"를 제거하고 "올바른 정부"를 구현하기 위해 아테네의 민주정이 오직 인민의 뜻에만 따르기보다는 그보다 더 안정적인 철학적 이성의 토대를 갖춘 **법의 지배**에 종속되기를 원했다.

이 목표를 이루기 위해 아리스토텔레스는 민주정을 진정한 민주정과 진정하지 않은 민주정으로 나누는 방식의 서술 전략을 취한다. 민주정 중에서도 진정한 민주정은 "법이 지배하는" 정부형태이며, 그 반대 형태의 민주정은 "법이 아닌 대중plēthos이 최고 권력을 갖는" 정부형태라는 것이다. 후자는 "법 대신 민중의 결의가 최고 권력을 갖는" 경우이며, 그것은 "민중선동가 탓"이다.

> 법이 지배하는 민주정에서는 민중선동가가 나타나지 않고, 가장 훌륭한 시민들이 주도적인 역할을 한다. 그러나 법이 최고 권력을 갖지 못하는 국가에서는 민중선동가들이 나타난다. 이것은 민중이 다수로 구성된 독재자가 되기 때문이다. 다수가 개인으로서가 아니라 집단으로서 최고 권력을 갖게 된다는 뜻이다. (…) 이 민중은 법의 지배를 받지 않기 때문에 독재를 하려 든다. 그리하여 그런 민중은 폭군적 성격을 띠게 되면서 아첨꾼들이 그들에게 존경받게 된다. (…) 법이 아닌 민중의 결의가 최고 권력을 갖게 된 것은 만사를 민중에게 맡기는 민중선동가들 탓이다. 그들이 그렇게 하는 것은 민중이 모든 것을 지배하고 자신들이 민중의 의견을 지배하면 결국 자신들의 영향력이 커지기 때문이다.[2]

아리스토텔레스는 이처럼 법이 최고 권력을 갖지 못하고 인민의 뜻이 최고 권력을 갖는 국가는 제대로 된 국가조차 아니라고 말한다. 그 이유인즉슨 "민중의 결의에는 보편타당성이 결여되어 있기 때문"이라는 것이다. 이른바 이성적이고 합리적이고 올바른 결정과 인민의 변덕스럽고 불합리하고 틀린 결정을 대비시키는 전통은 플라톤에게서나 아리스토텔레스에게서나 강고하게 뿌리내리고 있었으며, 그 뒤로도 오랫동안 이어지게 된다.

그나마 고대 그리스 시대의 철학자들은 이처럼 당시 존재하던 민주정체를 비판적으로 바라보고 민주정을 **법치**의 기반 위에 올려놓음으로써 인민의 정념과 변덕에 휩쓸리지 않는 통치가 이루어지기를 원했다. 그러나 훗날 그리스 도시국가들과 로마제국이 모두 몰락한 뒤의 유럽 사상가들은 민주정에서는 법치도 이루어질 수 없고 국가도 존속할 수 없다고 믿게 된다. 그래서 그들은 민주정을 거부하고, 거기서 그치지 않고 공화정도 거부하면서 오직 군주정, 귀족정, 또는 그 둘의 결합체만이 안정적 법치와 국가의 번영을 보장할 수 있다고 주장하게 된다.

∣ 로마 공화정과 민주주의

지금까지 고대 그리스의 민주정과 그것에 대한 당대인들의 입장을 살펴보았다. 그렇다면 서양 고대사의 또다른 한 축을 이루는 로마는 어땠을까? 고대 로마는 처음에 군주정으로 건국되었으나, 귀족들이 왕을 추방한 뒤 공화정 시대와 제정 시대를 모두 거쳤다. 로마 멸망 이후 유럽인들은 대체로 로마 공화국이 민주정은 아니었지만 **민중적** 요소를 얼마간 갖고 있었다고 생각했다. 그렇다면 로마 공화국의 정치체제는 **민주적**이었을까?

여기에 대해서는 학자들 사이에 논쟁이 있다. 일각에서는 제국 시대 이전 로마의 제도가 민주정이었다고 주장한다. 그들이 제시한 논거들을 살펴보자. 먼저, 로마에서는 한때 노예였다가 해방된 사람들도 시민이 될 수 있었고, 일단 시민의 지위를 얻은 뒤에는 시민으로서 누릴 수 있는 여러 사적인 권리들 외에도 투표권을 포함한 공적 권리를 향유했다. 게다가 재산 규모에 따라 투표권을 제한하지 않았으며, 후기에는 비밀투표 제도가 도입되어서 오히려 그리스보다 한발 더 나아간 민주주의를 실천했다는 것이다. 또한 이 학자들은 대규모 인원이 운집해서 회의를 진행한 그리스 민주정은 웅변가의 선동에 휘말리기 쉬웠던 반면, 로마식의 민주적 의사결정 제도는 얄팍한 선동을 배제하는 데 도움이 되었으며 키케로 같은 위대한 연설가형 정치인을 낳는 쾌거를 이뤘다고 말한다. 그들의 주장에 따르면 로마 민중은 전쟁과 평화에 관한 최종결정권을 지녔고 법률을 통과시키거나 거부할 수 있었으며 고위 관료와 하급 관료를 모두 선출했으므로, 진정한 민주적 정치권력을 보유했다.

그러나 이런 이유를 들어 로마 공화국의 정체가 민주정이었다고 보기는 힘들다. 로마는 아테네 같은 도시국가와는 차원이 다르게 거대한 제국이었다. 로마에서 민중이라는 단어가 가리키는 사람의 수는 고대 그리스 도시국가의 시민단과 비교할 수 없을 정도로 많았다. 아리스토텔레스는 민주정의 시민들이 서로를 알 수 있을 만큼 수가 적어야 한다는 기준을 제시한 바 있는데, 로마 시민들은 서로를 알기는커녕 집회에 참석하러 시내 중심부로 들어오는 일조차 뜸했다. 즉 고대 그리스적 의미의 민주주의라고 부르기에는 민주적 참여의 강도가 너무 낮았다. 또한 로마에서 가난한 시민도 투표권을 가진 것은 사실이지만, 부자들의 표에 훨씬 큰 가중치가 주어졌다. 뇌물 수수를 처벌하는 법률이 있었음에도 불구하고 부정부패가 극심했고, 이 문제를 해결하기 위해 도입된 비밀투표 제도는 아무런 실질적 효과도 거두지 못했다. 그리스와 달리 로마에서는 투표 전에 웅변과 토론을 거쳐 사안을 논의하는 절차가 없었고, 토의를 수행하는 집회는 관료에 의해서만 소집

될 수 있었다. 또한 집회가 소집된다고 해도 법안을 통과시킬 권한이 없었으며, 기타 국사에 대해 어떠한 의사결정권도 갖지 못했다. 무엇보다도 소수 귀족 가문이 원로원을 중심으로 실질적인 권력을 독점했다. 이런 이유로 고대에나 중세에나 근대 초기에나 유럽인들은 대체로 로마 공화정을 민주정으로 여기지 않았던 것이다.

로마인들 스스로는 로마를 3가지 순수 정부형태가 섞인 **혼합정체**, 즉 군주정, 귀족정, 민주정이 결합된 정부형태로 여겼다. 폴리비오스와 키케로를 위시한 로마의 대사상가들은 로마가 실제로 혼합정체라고 판단하는 선에 머물지 않고, 로마가 당위적으로도 계속 혼합정체로 남아야만 한다고 주장했다. 그래야만 로마가 멸망하지 않고 계속 번영할 수 있으리라고 믿었다. 이런 로마인의 생각은 **역사순환론**과 **혼합정체론**으로 요약할 수 있다. 이 둘은 긴밀하게 연결되어 있으므로 함께 살펴보자.

| 로마가 오래 살아남기 위해선

고대 로마인들의 관점에서 볼 때, 역사는 순환한다. 이때 역사가 순환한다는 말은 정부가 끝없이 성공하기도 하고 몰락하기도 한다는 뜻이다. 고대인들에게 역사는 정치사였으며, 역사의 법칙이자 핵심은 바로 국가와 정부의 흥망성쇠였다. 아리스토텔레스의 정부형태 구분법이 계속해서 사용되었는데, 그 형태들 간에 다음과 같은 지속적인 순환이 발생한다고 보았다.

나라가 세워지면, 건국기에 가장 명망이 높고 무공이 뛰어난 사람이 왕이 된다. 이것이 **군주정**이다. 처음에는 이 왕이 선정을 펼치고 사람들은 서로를 신뢰한다. 그런데 점차 왕이나 그 자식들이 과도한 욕심을 부리거나 헛된 야망을 품으면, 사리사욕을 채우려는 신하들이 왕궁에 모이고 정치가 부패하며 사회는 불신으로 가득 차게 된다. 그런 신하들이 왕의 눈과 귀를 가리면, 왕은 점점 나라의 상황을 알지 못하고 자신의 욕망만 채우려 드는 폭군이 된다. 이렇게 해서 군주가 폭군으로 타락하거나, 기존 군주보다 더 부패한 찬탈자가 혼란을 틈타 권력을 잡게 된다. 이를 **참주정**이라 부른다.

폭군 치하에서 고통받던 사람들의 불만이 팽배해지면, 일부 권력자들과 사회의 지도계층이 그 불만을 감지하고 그것에 기대어 폭군을 몰아내고 집단지도체제를 세운다. 이것이 **귀족정**이다. 귀족정에서는 귀족들이 자기들 중에서 능력이 뛰어난 사람을 지도자로 선출할 수도 있고, 전체 귀족집단이 자신들의 전반적 능력을 신뢰하여 주요 직책을 돌아가며 맡는 보직순환제를 통해 통치할 수도 있다. 어떤 형태를 취하건, 귀족정의 핵심 원리는 우수한 자가 통치한다는 것, 그리고 그 우수한 자들을 계속 양성할 제도를 마련한다는 것이다.

그런데 인맥과 부정부패로 인해 우수한 자들이 아닌 무능한 자들이 권력을 잡게 되고, 또 우수한 인물을 양성하기보다는 게으르고 부패한 후속 세대에게 부모 세대의 부와 권력을 물려주게 되면, 귀족정은 몰락의 길로 들어선다고 보았다. 귀족정에서 혈통이 대체로 중요한 역할을 한 것은 우수성의 조건인 교육, 훈련, 능력이 혈통을 따라 전수되는 환경을 존중한 결과였는데, 역으로 능력이 아닌 혈통만이 중요해지고 배타적인 집단권력이 공고해지면 귀족정이 과두정으로 타락하게 된다는 것이다.

과두정은 배타적인 권력집단에 편입되지 못한 사람들의 불만을 유발한다. 어떤 사람들은 자신의 능력이 인정받지 못한다고 불평하고, 어떤 사람들은 가난과 소외에 시달리며 사회 전반의 불의를 한탄한다. 과두정은 부국강병을 이뤄내고 유지하는 동안만 유지될 수 있으며, 역사적으로 그런 시간은 대체로 길지 않았다. 국정운영에 문제가 쌓이면, 수많은 보통사람들의 집단적인 의지와 행동이 과두정을 무너뜨린다. 이때 수립되는 것이 민주정이다.

민주정은 시민단에 소속된 사람들 사이에 어느 정도의 평등이 존재할 때 가장 잘 유지된다. 민주정과 공존할 수 있는 불평등은 시민들이 서로 크게 시기하지 않고, 누군가가 다른 사람을 돈으로 지배할 수 없는 정도까지다. 그런데 이런 수준의 평등이 존재하는 민주정에서도 정부의 몰락을 초래하는 위험 요소가 있으니, 바로 선동, 인기, 군사정권이다. 먼저, 달변을 펼치는 웅변가들의 선동에 시민들이 넘어가서 국가를 멸망에 이르게 하는 잘못된 결정을 내릴 수 있다. 또는 커다란 인기를 얻은 인물이 권력을 쥐고, 그 권력을 유지하기 위해 계속해서 사람들의 마음을 붙들어놓으려고 국가의 쇠퇴를 앞당길지도 모르는 위험한 정책을 함부로 펼칠 수 있다.

그런데 철저한 전쟁사회인 고대 서양에서 그 정도의 인기를 얻기에 가장 유리한 위치에 있던 사람은 바로 군대를 이끄는 장군들이었다. 따라서 장군들이 전쟁에서 이기고, 영토를 확장하고, 전리품을 많이 가져와서 본국의 시민들에게 나눠주면, 승리한데다가 관대하기까지 한 이 장군이 시민들의 사랑을 받아 권력을 쥐게 되는 것이다. 그러면 이 장군은 군인의 사고방식을 국정에 적용해서, 문민적 자유가 사라진 군사정권이 들어서게 된다.

이런 군사정권의 도래가 가능할 만큼 시민의 판단력이 흐려진 상태의 정부형태를 **중우정**이라고 부른다. 그런데 결국 군사정권이 들어서면 그 장군은 왕처럼 통치하게 되므로 중우정에서 탄생한 군사정권 치하의 국가는 군주정으로 되돌아가게 된다. 그래서 국가와 정부형태가 성장과 쇠퇴, 탄생과 소멸을 반복하는 이른바 역사의 순환이 아래와 같은 순서에 따라 전개된다는 것이다.

그런데 폴리비오스는 로마가 군주정, 귀족정, 민주정이 혼합된 탁월한 제도를 갖추고 있다고 주장했다. 그리고 원래 각 요소는 멸망을 향해 치닫는 경향성을 갖고 있지만, 로마처럼 훌륭한 혼합정체에서는 이 3요소가 서로 균형을 이루기 때문에 국가의 멸망을 획기적으로 늦출 수 있다고 보았다. 그러나 종국에 이르러서는 쇠퇴와 멸망을 피할 수 없다고도 보았다.

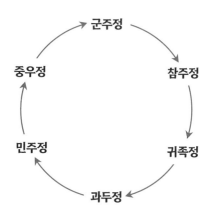

위베르 로베르(Hubert Robert, 1733~1808) 「로마의 폐허」(Ruines romaines), 1776, 프티 팔레(파리시립미술관)
고대 로마의 영광스러운 나날이 모두 지나간 뒤 스러진 제국의 도시에 남은 폐허를 상상력을 가미해 묘사한 18세기 회화.

모든 존재하는 것들이 쇠퇴하며 변화를 겪는다는 것은 증거가 필요하지 않은 진실이다. 왜냐하면 쇠퇴와 변화라는 것은 존재하는 것들이 지니고 있는 피할 수 없는 본질이므로 우리를 확신시키기 위한 다른 증거가 필요하지 않기 때문이다. 모든 종류의 국가가 쇠퇴하는 방식은 2가지가 있는데, 하나는 외재적인 것이요 다른 하나는 내재적인 것이다. 외재적 방식에 대해서는 어떤 고정된 규칙을 단언할 수 없지만, 내재적 방식은 정해진 과정을 거친다. (폴리비오스)[3]

즉 역사의 순환 속에서 국가는 필멸한다는 것이다. 특히 민주정은 무지한 다수 인민의 정념에 이끌리므로 국가의 멸망과 역사의 순환을 가속할 위험이 컸다. 그러므로 쇠퇴를 늦출 최선의 방도는 혼합정에 있었고, 로마의 운명은 원로원의 귀족들과 관직 보유자들이 인민의 권력을 얼마나 지혜롭게 제한하는지에 달려 있었다. 앞서 다룬 아리스토텔레스도 정치체제는 "더 잘 혼합될수록 그만큼 오래 존속된다"고 말했는데, 여기에도 혼합정체가 잘못 만들어지면 국가의 멸망을 늦추는 효과가 없으며 혹시 잘 만들어지더라도 멸망을 완전히 막는 것은 역부족이라는 인식이 담겨 있다.[4]

로마 공화정 말기와 제정 시대의 정치인들과 역사가들은 이런 순환 속에서 로마가 멸망하지는 않을까 염려했다. 특히 로마가 정복을 통해 영토를 대폭 확장하는 과정에서 많은 금은보화가 여러 속주로부터 유입되었는데, 그 현상을 지켜보거나 실제로 부를 손에 넣은 로마인들이 오만, 탐욕, 질투로 인해 사회를 떠받칠 덕과 신뢰를 상실하게 될 것이라고 걱정했다. 리비우스를 비롯해 지금까지도 널리 알려진 로마 시대의 역사가들은 금은보화가 초래한 탐욕이 시민들을 나약하게 만들고 애국심을 고사시킨다고 생각했고, 점점 정부가 불안정해지고 시민군이 용병으로 대체되면서 결정적인 순간에 외적의 침입으로부터 나라를 지킬 수 없는 상황으로 치닫게 되지나 않을까 염려했다. 결국 로마는 그들이 우려한 대로 외적의 침입과 용병의 반란으로 멸망했고, 그때부터 1000년이 넘도록 후대 유럽인들은 로마 멸망의 역사를 되새기며 부와 탐욕이 시민들의 애국심과 군사적 용맹성을 하락시키고 사회적 불안정과 정치적 부패를 가져올 것을 경계했다. 그리고 이 불안 밑에는 역사순환론이 놓여 있었다.

03 "자유는 연약하고 민중의 권력은 위험하다"

공화주의 전통

고대 그리스와 로마 시대에도 민주정을 경멸하는 동시에 두려워한 정치인과 사상가가 많았고, 그들은 역사가 순환하면서 국가가 겪는 흥 망성쇠에 대해 끊임없이 고민했다. 그 과정에서 그들은 여러 정부형태 각각의 위험 요소들이 혼합정체라는 적절한 배합을 통해 상쇄되고 제 거될 수 있으리라는 희망을 품었다. 이 시기에 형성된 이런 사고방식 은 18세기에 이르기까지 유럽에서 대단히 큰 영향력을 행사했다.

이 고대의 발상은 이후에 다시 두 흐름으로 나뉘었다. 하나는 공화 주의고 다른 하나는 자연법이다. 이 두 패러다임은 고대 그리스와 로 마의 주요 철학자들과 법률 체계로부터 자양분을 얻어 탄생했다는 점 에서 뿌리가 같지만, 중세를 거친 뒤 서로 확연하게 다른 방식으로 정 치와 사회를 사유하기 시작했다. 이 두 사고방식을 제대로 이해하는 것은 대단히 중요하다. 근대 초기 서양인들이 국가, 통치, 문명, 도덕을 바라본 관점을 파악하기 위해서는 이 둘이 서로 대립하며 만들어낸 상이한 세계관을 이해해야만 하기 때문이다.

결론부터 말해서, 공화주의자들과 자연법학자들은 공통적으로 민주주의에 반대했다. 그들은 민주정이 수립되면 국가가 유지될 수 없거나 정당화될 수 없다고 믿었다. 그렇다고 해서 민주주의와 반민주주의가 대결하고 있었던 것도 아니다. 당시 사람들의 눈에는 민주주의보다 훨씬 더 중요한 정치적 문제들이 있었고, 공화주의와 자연법은 그 문제들을 다루는 담론의 주요 틀이었다.

그런데 공화주의와 자연법이 민주주의를 거부한 사고방식에는 차이가 있었다. 이것들을 하나씩 살펴보면 혁명기에 이르기까지 근대 유럽에서 민주정이 마치 괴물과도 같은 망상으로 여겨진 이유를 더 수월하게 이해할 수 있다. 이 장에서는 먼저 공화주의를 살펴보고, 자연법은 다음 장에서 다룬다.

｜ '민주공화국'의 진짜 의미

흔히들 유럽에서 중세가 지나가고 르네상스라는 **근대의 태동기가** 시작되자 이탈리아와 독일 지역의 여러 자치도시국가에서 민주주의의 전통이 싹텄다고 말한다. 널리 받아들여진 교과서 방식의 설명이다. 그러나 이 설명에는 문제가 있다.

유럽의 옛 도시들은 왕과 제후의 통치권으로부터 완전히 독립해 있는 경우도 있었고, 완전한 독립은 아니어도 왕으로부터 도시의 자유를 선언하는 칙령을 얻어내서 주변 농촌지역 귀족 영주들의 지배를 받지 않고 자치를 실시하는 경우도 있었다. 그런데 어떤 도시나 국가가 **자치**를 한다는 것과 그 자치를 **인민 전체가 평등하게 직접** 실행한다는 것은 전혀 다른 이야기다. 도시들이 싹틔운 것은 민주주의가 아니라 공화주의였다. 600년 전 이탈리아 공화국들의 정치사상과 현실에 관해 널리 퍼진 오해는 대체로 민주주의와 공화주의를 혼동했기 때문에 발생했다.

우리의 역사로 건너와서, "대한민국은 민주공화국"이라는 구절의 의미를 살펴보자. **공화국**은 표준국어대사전에 이렇게 등재되어 있다: "공화 정치를 하는 나라. 주권이 국민에게 있는 나라를 이른다." 같은 사전에 **민주국가**는 다음과 같이 등재되어 있다: "나라의 주권이 국민에게 있고 국민의 뜻에 따라 직접 또는 간접적으로 운용되는 정치를 펴는 나라." 여기서 **공화**와 **민주**는 마치 동의어인 것처럼 정의되어 있다. 마치 민주공화국의 공식이 **민주＝공화**인 것처럼 말이다.

그러나 민주공화국의 원래 공식은 '민주＝공화'가 아니라 **'민주＋공화'**였다. 즉 서로 다른 민주와 공화가 결합되어서 한 단어를 이루게 된 것이다. 손목시계라는 말을 생각해보자. 손목시계는 '손목＝시계'가 아니라 '손목＋시계'다. 손목과 시계가 애초에 다른 뜻을 품고 있기 때문에 이 둘이 결합되어 새로운 뜻, 즉 손목에 차는 시계라는 뜻을 가질 수 있었던 것이다.

요컨대 민주공화국이라는 개념은 민주적인 공화국을 뜻한다. 즉 과거에 이 단어가 만들어지던 시점에는 공화국이 민주적이지 않은 것이 흔하고 자연스러운 일이거나, 적어도 민주적이지 않은 공화국이 충분히 존재할 수 있다고 여겨졌음이 틀림없다. 이것을 정리하면 다음과 같다.

민주 ≠ 공화

민주정 + 공화정 = 민주공화정

그렇다면 공화국의 안위를 염려하던 근대 초기 유럽의 공화주의자 대부분이 왜 민주주의를 배격했는지 알아보자. 유럽에서 **민주공화국**이라는 단어가 본격적으로 사용되기 시작한 것은 약 300년 전인 18세기다. 그런데 그것은 그 자체로 긍정적인 의미로 쓰이기보다는 **귀족공화국**이라는 단어의 대립개념으로 사용되었다. 당시 통념으로 공화국이란 기본적으로 귀족적이고 위계적인 것이었으며, 공화국의 정부형태란 뛰어난 사람을 **선출**하여 도시국가의 지도를 맡기는 도시귀족정부였다. 대표적인 사례가 바로 당시에 멸망하지 않는 영원한 공화국으로 신화처럼 포장되었던 베네치아였다. 그밖에도 15~18세기 근대 유럽에는 제노바, 루카, 산마리노, 라구사, 제네바, 베른, 프리부르, 루체른, 취리히, 뮐루즈, 폴란드, 네덜란드와 같은 귀족공화국이 다수 포진해 있었다.

　이처럼 귀족공화국을 주로 염두에 두었던 18세기 사람들은 먼 과거에나 존재했던 것으로 여겨진 민주공화국을 단지 귀족공화국의 대립개념으로 설정하여 이론적으로만 설명하곤 했다. 이에 따라 현실적으로 공화국과 민주정을 쉽사리 결합시키지 않는 사고방식이 굳어지게 된 것이다. 이러한 배경을 이해하려면, 그보다 300년을 더 거슬러올라가 르네상스 시대의 이탈리아가 낳은 정치이론을 살펴보아야 한다.

▎공화국은 개복치다

　르네상스 시대의 공화주의자들은 무엇을 공화국이라고 불렀을까? 간단하게 정답을 말하자면 공화국이란 곧 시민들이 자유를 누리며 살아가는 국가공동체였다. 그런데 공화주의적 세계관 속에서 이런 자유국가는 너무나도 쉽게 멸망할 위험에 항상 노출되어 있었다. 공화국이란, 마치 모바일 게임 속 '개복치' 같은 것이었다. 한때 유행했던 '살아남아라! 개복치' 게임에서 개복치는 온갖 이유로 죽는다.

1. 아침 햇살이 강렬해서 사망

2. 바닷속 공기 방울이 눈에 들어가 스트레스로 사망

3. 바닷속 염분이 피부에 스며들어 쇼크로 사망

4. 근처에 있던 다른 개복치가 사망한 것을 보고 쇼크를 받아 사망

5. 바다거북과 부딪힐 것을 예감하고 스트레스로 사망

6. 기생충을 떨구려고 점프했다가 수면에 부딪혀 사망

7. 심해의 바닷물이 너무 차가워서 쇼크로 사망

8. 그물에 걸려 인간에게 먹혀서 사망

9. 새들의 발톱에 긁혀 피부에 고름이 생겨서 사망

10. 새우를 먹다가 껍질이 식도를 찔러서 사망

11. 오징어를 과식해서 소화불량으로 사망

12. 비닐봉지를 해파리로 착각하고 먹다가 질식해서 사망

그리고 의미심장하게도 개복치는 세월이 흐르면 늙어 죽는다. 아무리 세심한 노력을 기울여 각종 위험을 피하더라도 노쇠로 인한 자연사는 불가피한 것이다. 공화주의자들은 자유로운 공화국의 앞날이 마치 개복치의 목숨처럼 언제나 위태롭다고 생각했다.

1. 지도자가 너무 선해서 멸망

2. 지도자가 너무 악해서 멸망

3. 귀족들이 부패해서 멸망

4. 민중 소요가 초래한 무질서 때문에 멸망

5. 더 큰 나라에 침략당해서 멸망

6. 더 작은 나라를 침략했다가 패배해서 멸망

7. 더 작은 나라를 정복했는데 전리품 분배 과정에서 분열이 발생해
   서 멸망

8. 주변의 작은 나라가 큰 나라에 정복당하는 것을 보고 스트레스를
   받아 내분으로 멸망

9. 나라가 가난해져서 멸망

10. 나라가 부유해져서 사치와 방탕이 만연하게 되어 멸망

11. 물가가 떨어져서 경제 불황으로 멸망

12. 식량과 생필품의 물가가 올라서 폭동으로 멸망

즉 공화국은 온갖 이유로 망할 수 있었고, 잘 유지되는 경우에도 시
간의 흐름에 따라 풍화작용을 일으키듯 수명이 줄어들었다. 그야말로
풍전등화였다. 특히 공화국의 정부형태가 민주정인 경우, 국가를 보전
하기가 유독 어려울 것이라고 인식되었다. 어째서 그렇게 생각했을까.

| 공화국의 흥망을 좌우하는 운명과 덕성

브루니Leonardo Bruni나 마키아벨리Niccolò Machiavelli를 비롯해 널리 알려진
수많은 공화주의자들의 세계관에서는, 살얼음판 위를 걷는 것처럼 불
안한 국가공동체의 미래를 좌지우지하는 것은 바로 운명의 여신 **포르**

한스 제발트 베함(Hans Sebald
Beham, 1500~1550) 「운명의
여신 포르투나」(Fortuna), 1541,
네덜란드왕립미술관
포르투나가 운명의 수레바퀴를
왼손에 들고 인간사의 불확실성
을 관장하는 여신으로서의 모습
을 드러낸다.

투나Fortuna였다. 개인의 삶도 그렇지만, 국가의 존망에도 운명이라는
알 수 없는 힘이 작용한다고 본 것이다.

고대 서양인들에게는 권력투쟁에서 이겨 정권을 잡는 일, 새로운
법을 성공적으로 시행하는 일, 전쟁에서 승리하는 일, 풍년이 들게 하
는 일, 이 모든 일이 포르투나의 소관이었다. 포르투나는 인간의 의지
와 법으로부터 독립되어 있으며, 오직 자신의 뜻에 따라 인간사를 결
정한다. 따라서 인간은 이처럼 강력한 포르투나의 힘 앞에 무기력한
존재인 셈이다.

중세 기독교에서는 포르투나를 자비로운 특성이 다 사라진 **운명**이라는 존재로, 즉 기독교의 **신**과 대비되는 무서운 것으로 묘사했다. 몇백년이 흐른 뒤, 고대 서양의 고전들을 되살려내고 역사를 서술하는데 집중한 르네상스 인문주의자들은 포르투나를 인간에게 **행운과 불운**을 모두 가져오는 존재라는 뜻으로 다시 사용하기 시작했다.

매번 포르투나가 행운과 불운 중 어느 쪽을 내려줄지 알 수 없는 상황에서, 공화주의자들은 운명의 신이 우리에게 유리한 선택을 하게 유도하려면 우리가 **비르투**^{virtù}, 즉 덕성을 갖추어야 한다고 생각했다. 운명의 여신이 누구에게 웃어줄지 예측할 수도 결정할 수도 없으나, 덕성을 갖춘 인간은 포르투나의 마음을 어느 정도 바꿀 수 있다고 보았다. 이때 덕성은 남성적인 것인 동시에 공화국을 지탱하는 도덕적 용기와 동일시되었다. 자세히 보자.

포르투나는 신이다. 그런데 무슨 수로 포르투나의 마음을 바꿀 수 있단 말인가? 열쇠는 포르투나가 **여신**이라는 사실에 있었다. 공화주의자들은 포르투나가 여신이기 때문에 **남성적**인 의미의 덕성을 갖춘 자에게 매력을 느껴서 운명을 그에게 더 유리한 방향으로 결정해줄 수도 있다고 생각했다. 일견 종교적인, 심지어 미신적인 이야기 같지만, 종교적 영역의 전제들을 인정하고 나면 충분히 합리적인 판단이었을수 있다. 그런데 여기서 남성성과 덕성은 어떤 관계인가? 이것을 알기위해서는 먼저 유럽의 언어에서 덕성이라는 개념이 갖는 의미를 알아야 한다.

덕성은 그리스어 **아레테**^{aretê}에서 출발한다. 이것은 본래 어떤 개체가자신의 **본성**을 잘 발휘하는 뛰어난 상태를 가리킨다. 즉 이 단어는 역량과 효율성을 가리키는 단어였던 것이다. 이렇게 정의하면 칼의 덕성은 잘 드는 것이고, 음식의 덕성은 영양 있고 맛있는 것이며, 침대의 덕성은 누웠을 때 편안한 것이라고 할 수 있다. 마찬가지로 군인의 덕성은 죽음을 불사하고 용맹하게 싸우는 것이고, 작가의 덕성은 좋은 글을 쓰는 것이며, 통치자의 덕성은 현명하게 판단하면서 정확하고 일관되게 다스리는 것이다. 덕성을 갖춘 사람은 곧 인간으로서의 본성을 가장 잘 발휘하며 살아가는 사람이다.

로마의 공용어인 라틴어로는 덕성을 **위르투스**^{virtus}라고 불렀는데, 여기서 **위르**^{vir}는 남성을 가리키는 말이다. 고대 로마의 언어에서 덕성이란 인간이, 주로 남성이 고도의 **남성다움**을 기르고 유지하는 중에 발휘되는 것이었다. 그렇다면 어떤 것이 남성다운 특징으로 간주되었을까? 고대인들은 반복되는 기근과 끝임없는 전쟁으로 얼룩진 삶을 살았다. 그런 환경에서 남성다운 덕성이란 곧 근면 성실하고 검소하고 억세며, 자신의 땅·가족·국가에 대한 애정을 품고 전투에서 물러서지 않고 싸우는 것을 가리켰다. 이런 자질을 갖춘 남성 시민이 부패하지 않고 청렴한 정치인까지 되면 금상첨화로 인정받았다. 요컨대 덕성은 **도덕적 용기**였다. 도덕성과 용기는 한쌍으로 묶여서 남성^{vir}다운 덕성 ^{virtus}을 보증하는 징표로 간주되었다.

이것이 공화주의에서 말하는 **덕성**^{virtù, vertu, virtue, Tugend}이다. 이 덕성 개념은 14~16세기 르네상스 시대에 이탈리아를 거쳐 유럽 전역에 자리를 잡았다. 이러한 개념을 바탕으로 한 공화주의 정치사상은 당시 이탈리아 도시국가들 사이에 벌어진 세력 갈등을 배경으로 삼아 본격적으로 발흥했다. 이 사상은 군주를 위한 통치 조언서, 각 도시국가의 고대사·근대사 서술, 문학·미술에 대한 비평 같은 창구들을 통해 표현되었다. 유명한 예로 브루니의 『피렌체 민중사』 *Historiarum Florentini populi libri XII*, 마키아벨리의 『군주론』 *Il Principe* 과 『로마사론』 *Discorsi sopra la prima Deca di Tito Livio* 이 있다.

앞서 설명한 것처럼 공화주의는 국가가 개복치처럼 쉽고 허망하게 사멸할 수 있다는 위기감에 휩싸인 채 발전했다. 브루니나 마키아벨리처럼 널리 알려진 사상가들 또한 자유의 전망이 희박하고 위태롭다는 인식을 갖고서 자신이 속한 도시국가의 흥망성쇠를 염려하며 글을 썼다. 공화주의적 세계관에서 볼 때, 국가가 망하지 않으려면 포르투나의 선택을 받아야 하고, 그러기 위해서는 덕성이 필요하다. 인간으로서는 포르투나가 당장 어떤 생각을 갖고 있는지, 어떤 결정을 내릴 것인지 알 수가 없다. 그러므로 언제나 풍전등화인 국가의 생명을 유지하기 위해서 인간은 오직 덕성을 높이는 데에만 힘써야 한다. 즉 용맹해져야 하고, 도덕적인 용기를 가져야 한다.

▎누가 덕성을 가질 수 있는가

여기서 중요한 사실은 이 덕성이 만인에게 요구되는 것이 아니었다는 점이다. 대부분의 공화주의자들은 누구나 덕성을 가질 수 있다고 생각하지 않았다. 그들의 관점에서 볼 때, 덕성은 사람이 선천적으로 타고나는 것이 아니다. 그저 만들기만 한다고 아무 칼이나 다 잘 드는 것이 아니고, 아무 음식이나 다 맛있는 것이 아니며, 아무 침대나 다 편한 것이 아니다. 사람이 태어나기만 하면 누구나 무엇이든 잘할 수 있는 것이 아니다. 용감한 군인은 각고의 훈련을 거쳐 만들어지고,

현명한 통치자는 긴 수련의 시간을 거쳐 길러진다. 덕성을 높이기 위해서는 역사를 꼼꼼하게 읽고, 과거에 일어난 일 중에서 좋은 본보기와 나쁜 본보기를 가려내야 한다. 즉 누가 왜 어떻게 포르투나의 은혜를 입거나 저주를 받았는지 식별해내고, 그들의 선택과 행동을 본받거나 피해야 한다. 그런 다음에 끊임없는 수련과 연마의 과정을 거쳐서 그 교훈을 몸에 새기는데, 이런 과정을 거치기 위해서는 시간과 노력을 쏟을 수 있는 환경이 필요하다. 그런데 누구나 이 환경을 갖추고 있지는 않다. 오히려 그런 사람은 소수에 불과하다. 다시 말해 지배적 공화주의 담론에서 볼 때, 덕성을 길러낼 수 있는 물적 토대와 교육 환경을 갖춘 소수만이 덕성을 갖춘 사람으로 성장할 수 있다.

반드시 부자만이 덕성을 갖출 가능성이 있다고 볼 수는 없지만, 어쨌든 사람은 부를 포함한 여러 환경적 요인이 갖추어진 경우에만 덕성을 기르고 유지할 수 있다. 그리고 이런 사람들만이 **통치에 참여할 자격**을 갖는다. 그와 같은 자격을 갖추지 못한 사람들이 통치에 참여하면 국가는 곧 멸망에 이를 것이다. 바로 이것이 공화주의자들 대부분이 공유했던 관점이며, 그들이 민주정에 적대적이었던 이유다.

민주정에 대한 공화주의자의 관점을 정리해보자. 민주정은 시민이 모두 통치에 참여하는데, 그들의 덕성은 매우 낮다. 덕성이 부족한 사람들이 떼로 모여서 제대로 된 통치를 펼칠 리가 없다. 따라서 국가가 부강해지기 어려우며 쉽사리 멸망할 수 있다. 이 단점을 극복하려면 덕성을 갖춘 사람들이 통치권을 장악하고 나머지 시민들을 지도해야 한다. 그런다고 해서 반드시 경제성장, 내적 화합, 전쟁에서의 승리를 보장할 수는 없겠지만, 여신 포르투나가 그 나라에 은총을 내려줄 **가능**

성은 커진다.

이처럼 공화주의라는 사상 체계를 지배한 것은 불확실성과 필멸성의 역학 관계였다. 이 관계 속에서 민주정은 군주정만큼이나, 아니 오히려 군주정보다 더 높은 확률로 국가를 멸망으로 이끄는 정부형태로 보였다. 공화주의자의 눈에, 군주정에서는 국가의 흥망이 단 1명의 군주의 덕성에 좌우되는 반면, 민주정에서는 덕성을 갖추지 못한 대중의 급변하는 감정적 판단에 좌우된다. 어느 쪽이건 포르투나의 미소를 얻어내기는 어렵다. 그런데 이 점에서 차라리 군주정이 민주정보다 낫다. 왜냐면 군주 1인의 덕성이 매우 높고 그의 행위가 몹시 남성다우면 포르투나가 그와 그의 나라에 유리한 결정들을 내려줄 확률도 높아지기 때문이다.

1인이 통치하는 나라에서 이런 효과를 거두기 위한 방법을 모아둔 책이 바로 마키아벨리의 『군주론』이다. 이 책에서 마키아벨리는 국가를 유능하게 다스리는 것이 군주의 목표가 되어야 하며, 온화하고 인자하고 선량한 인간이 되는 것이 군주의 목표가 되어서는 안 된다고 말했다. 당시 기독교 도덕주의자들에게 호된 질타를 받았지만, 『군주론』은 공화주의 세계관을 잘 보여주는 책이다. 마키아벨리는 인간의 본성이 선하지도 악하지도 않다고 생각했고, 다른 공화주의자들과 마찬가지로 군주나 시민들이 선하게 산다고 꼭 덕성이 높아지거나 포르투나가 웃어주는 것은 아니라고 믿었다. 즉 통치자는 절대적인 윤리나 선악의 기준이 있다고 생각해서는 안 된다. 오히려 통치자는 그런 것에 구애받기보다는 최대한 정치적인 덕성을 높여서 국가를 부강하게 만들고 전쟁에서 패배하지 않도록, 다시 말해 주변국가에 침략당해 멸망하지 않도록 지킬 의무를 진다. 그러지 않으면 포르투나가 등을 돌리게 되며, 그 결과 전쟁에서 지거나 나라가 망하면 오히려 선량한 시민들이 죽음에 처하게 된다는 것이다. 무조건 악한 권모술수가 더 좋다는 것이 아니라, 도덕적 선악이 통치행위를 결정하는 우선적 기준이 되어서는 안 된다는 주장이다. 무엇보다 중요한 것은 풍전등화의 국가를 지켜내는 것이다.

그런데 마키아벨리는 또다른 책인 『로마사론』에서 공화정 국가가 군주정 국가보다 평균적으로 더 안정적이며, 부강해질 확률이 더 높다고 생각했다. 단 1명의 덕성에 의존하는 군주정과 달리 공화정은 교육받고 훈련받은 시민단 전체의 덕성에 의존하기 때문이다. 시민단의 덕성은 군주 개인의 덕성보다 더 크고 다양하다. 따라서 안정과 성장을 모두 확보하기에는 군주정보다 공화정이 유리하다. 물론 여기에는 공화국 내에서 민주적 중우정치를 배제한다는 조건이 붙었다. 또한 정말 특별한 예외적 경우가 아니면 여성을 시민단에 포함시키지 않는다는 조건도 붙었다. 덕성이라는 단어가 애초에 남성다움이라는 의미를 포함했기에, 공화주의자들은 **통치집단**인 시민단에 여성이 포함되면 시민단 전체의 덕성이 낮아진다고 생각했다. 그래서 공화주의자들은 아무리 부유하고 교육받은 여성이라 하더라도 참정권을 인정하지 않았다. 여성이 통치집단에 속할 수 없다는 생각은 너무나 당연하게 여겨졌기 때문에 논의의 대상이 되는 일조차 거의 없었다. 사고의 체계와 개념들의 관계가 이러한 결과에 얼마나 큰 영향을 주었는지 생각해보면, 과거의 사고방식을 역사적으로 이해하는 것의 중요성을 알 수 있다.

| 공화국을 지켜내기 위해선

공화주의에 대해 더 구체적으로 알아보자. 먼저 공화주의자들에게 중요한 것은 당파로 인해 갈라지지 않을 애국심과 시민군이었다. 당파들이 있으면 각 당파에 속하는 많은 사람들의 덕성의 합계보다는 각 당파 지도자의 덕성만이 통치에 반영되므로 국가 전체의 힘을 약하게 만든다는 것이 일반적인 생각이었다. 그래서 공화주의자들은 정부형태가 군주정이든 아니든 지배집단이 당파로 갈라지면 덕성을 갖춘 다수가 아니라 그들의 다양하고 역동적인 의지를 무력화하는 극소수 지도자들만의 덕성에 국가의 운명을 맡기는 셈이 되므로 위험하다고 보았다. 그래서 **당파**는 저주받은 개념이 되었다. 당파가 활개치는 상황은 나라를 망하게 만들기 위해 외부의 첩자가 음모를 꾸미고 있는 것으로 간주되었다. 이러한 음모론적 사고방식은 수백년 동안 유럽의 근대사회를 지배했고, 프랑스혁명기에 이르기까지 큰 정치적 희생을 초래하게 만드는 요인이 된다. 국력이 여러 파벌로 나뉘는 것에 대한 공포로 인해 각 당파의 중심에 있는 사람들은 추방 혹은 죽임을 당했다.

당파로 인한 분열을 극복하고 특히 위기 상황에 국가의 힘을 결집시키는 데 필요한 것이 바로 애국심이다. 그리고 애국심은 시민이 직접 나라를 지키는 시민군 제도를 통해 형성되고 발현된다. 공화주의자들의 눈에 시민군은 용병과 달리 진정 자신의 조국을 지키기 위해 용맹하게 싸우는 공화주의적 덕성으로 가득 찬 군대였다. 또한 이러한 군대를 운용하는 과정에서 병사들의 애국심도 드높아지므로, 시민군과 애국심은 서로를 강화하면서 국력을 상승시키는 것으로 인식되었다.

르네상스 시대에 집필된 공화주의적 역사서들을 살펴보면 공화주의가 어떤 방식으로 인간사를 해석하는지 더 확연하게 볼 수 있다. 공화주의자들은 국가의 흥망성쇠와 역사의 순환고리를 끊기 위해서는 혼합정체를 수립해야만 한다는 생각을 고대의 폴리비오스나 키케로 같은 사상가들로부터 받아들였다. 그 이유인즉 이러하다. 고대 로마는 공화정에서 군주정으로 정부형태가 바뀌면서 황제 1인의 덕성에 의존하게 되었다. 황제는 자주 교체되었고, 그중 몇몇 황제의 덕성은 높았지만 평균적으로 국가의 상태는 매우 불안정해졌다. 통치하는 덕성의 총계에 포함되던 사람들이 통치집단에서 배제당하게 되었고, 그러자 그들은 더이상 나라를 위해 목숨 걸고 싸우지 않았다. 정복전쟁을 통해 제국이 확장되면서 물자가 유입되고 로마에 사치가 만연해졌다. 그 결과 덕성은 낮아지고, **여성성**이 지배하게 되었다. 공화주의적 분석틀로 볼 때 여성성의 수치가 높아지면 덕성은 낮아지게 마련이니, 결국 이탈리아반도의 주민들은 매우 낮아진 덕성을 갖게 되었다. 황제의 덕성이 너무 낮으면 인민의 덕성이 그것을 충당하고 나라를 지키는 원동력으로 사용되어야 하는데, 이미 인민 대중이 정복사업의 부산물로 인해 부패하게 되었다. 그리하여 결국 고대 로마는 멸망을 피하려야 피할 수 없는 상황에 처했었다는 것이 르네상스 시대를 살았던 역사가들의 관점이었고, 이러한 공화주의적 로마사 해석은 17~18세기의 변형과 수용을 거쳐 오늘날에까지 일부 전해지고 있다. 르네상스 이래로 근대 유럽의 공화주의자들에게 이러한 역사관의 교훈은 곧 특정한 단일 정부형태나 세력에 국가의 명운을 다 걸어서는 안 된다는 것이었다. 중요한 것은 적절한 배합과 균형이었다.

전쟁으로 점철된 시대, 도시국가들은 개복치처럼 온갖 이유로 죽음을 맞이할 개연성이 높아 보였다. 각종 위기들, 그리고 그러한 위기가 없어도 결국 찾아오고야 마는 시간 앞의 죽음, 이러한 절대적 위험에 맞서야 했다. 시간 앞에서 국가가 ① 내적 균형, ② 절제된 자유, ③ 대외적 독립을 최대한 오래 안정적으로 유지할 방도는 무엇인가? 이런 질문에 대해 공화주의자들은 덕성을 갖춘 사람들 위주로 통치 구조를 확립하되 가능한 한 시민군을 구성하여 애국심과 덕성을 갖춘 사람들의 수가 많아지게 하고, 용병이 아닌 바로 그 시민군으로써 국가를 방위해야만 한다고 대답했다.

수백 년 뒤 프랑스혁명기에 이르면 공화주의자들이 소수 통치집단의 덕성을 드높이고 인민의 덕성을 전체적으로 향상시켜 통치집단의 규모를 확대할 방법으로 시민군과 함께 전 국민에 대한 교육 제도의 도입을 제시했는데, 이것은 이 책의 제2부에서 더 상세하게 다룬다.

종교 또한 덕성을 키우는 데 도움이 될 수 있다고 인식되었다. 특정한 종교의 교리나 관행이 인민의 덕성을 높이면 바람직한 종교였고, 그 반대는 국가를 멸망으로 이끄는 종교였다. 마키아벨리는 고대 그리스와 로마의 종교는 인간을 용맹하게 만들었지만 기독교는 인간에게서 덕성을 제거하여 제대로 싸울 줄도 모르는 유약한, 즉 **여성적인** 상태로 타락시켰다고 비판했다.

공화주의 패러다임이 권장하는 사회는 여성성과 유약함을 피하고 최대한 남성다운 덕성을 장려하는 사회, 그런 덕성을 갖춘 시민들이 그것을 공적으로 발현하는 사회였다. 이것을 **시민적 삶**^{vivere civile}이라고 불렀는데, 이는 도시국가의 시민들이 공공의 일에 관심을 갖고 그것을 위한 정치적·군사적 행동에 헌신할 줄 아는 삶의 자세를 가리켰다. 공화주의자들은 아리스토텔레스의 말을 따라 인간이 **정치적 동물**^{zoon} ^{politikon}이라고 생각했기에, 시민이 자신의 정치적 본성을 잘 발현시키는 것이 곧 덕성을 발휘하는 것이 된다고 보았다. 시민들이 이렇게 살아야만 그들의 덕성이 더욱 고양되는 한편 국가 또한 전체로서 덕성을 유지할 수 있다는 것이다. 시민들이 오직 개인적 이익만 생각한다면 공적 정치체로서의 국가는 곧 죽음에 이를 것이었다. 세상사를 결정하는 포르투나의 힘은 인간의 손이 미치지 않는 곳에 있지만, 그렇다고 해서 인간이 자포자기하여 포르투나의 미소를 얻기 위한 노력을 멈춰 버린다면 포르투나는 결정적으로 등을 돌릴 것이라고 생각되었다.

이처럼 공화주의는 어떤 것이 그 자체로 옳은지 그른지를 따지기보다, 그것이 국가라는 정치체의 건강에 도움이 되는지 해가 되는지를 판단한다. 그리고 이런 기준으로 볼 때, 민주정은 극히 예외적인 경우가 아닌 한 논의의 가치가 없을 정도로 국가의 존속과 성장에 해롭고 위험한 정부형태로 간주되었다. 심지어 르네상스 시대보다 100~200년이 더 지난 1640년대 영국 내전기, 피비린내 나는 전투 끝에 국왕인 찰스 1세를 처형하고 공화국을 수립한 혁명가들은 대개 자신들이 세운 공화국이 결코 민주국가가 아니라는 점을 중요한 근거의 하나로 들면서 공화정을 정당화했다. 이 공화국은 고대 로마시대부터 18세기까지 유럽의 역사상 주요 국가에서 오늘날 기준으로 그나마 가장 민주주의에 근접한 통치가 이루어진 정치체였는데도 말이다.

영국 내전기에 많은 정치인과 사상가가 논고, 연설문, 기사에서 경쟁자의 구상을 두고 그것이 "민주적"이다, "군사적 민주주의"를 초래한다, "인민의 폭정"을 수립한다는 등의 이유로 비판했다. 청교도 목사 세지윅^{William Sedgwick}은 영국의 군주정이 붕괴하면서 "민주적 반신^{半神}들"이 통치하게 되었다고 한탄했다. 반대로 공화파가 자신의 정치적 구상을 스스로 민주주의라고 부른 경우는 극히 드물다. 당시 유명한 공화파 저자 니덤^{Marchamont Nedham}에게 민주주의는 무지몽매한 폭도들의 지배를 가리키는 말이었다. 밀턴^{John Milton}이나 시드니^{Algernon Sidney} 같은 당대의 대표적 공화주의 사상가들도 왕의 자의적 통치에 반대하고 투표로 선출한 의회가 권력을 가져야 한다고 주장하는 동시에 좋은 혈통을 이어받고 교육과 훈련을 거친, 덕성을 갖춘 소수의 통치를 강력하게 지지했다. 그들은 민주주의의 전망 앞에서 몸서리쳤다.

자연법 전통

근대 서양의 정치적 세계관을 양분하는 공화주의와 자연법 전통 중, 앞 장에서는 공화주의자들의 사고방식이 왜 민주주의를 배척했는지 살펴보았다. 이 장에서는 그들과는 다른 이유에서 민주주의를 배척한 자연법학자들의 사고방식을 들여다본다.

자연법이라는 단어는 고대 로마법의 ius naturale에서 유래하며, 원래 동물, 식물, 인간을 포함하는 자연계 전체에 적용되는 법칙 체계를 가리켰다. 로마제국 멸망 후 중세 가톨릭의 스콜라주의 학자들은 로마의 자연법이 신의 뜻과 상충하지 않음을 입증하고, 둘을 합치시키기 위해 노력했다. 신적 이성이 깃든 법률들의 체계로써 신적 의지와 자연적 법칙을 조화시키려는 시도였다. 이 시도를 뿌리 삼아 자연법학^{natural jurisprudence}이 등장했는데, 그것은 인간의 역사, 윤리, 정치를 사유하는 하나의 패러다임이자 학문적 전통으로서 근대 초기 유럽을 지배하게 된다.

자연법학은 공화주의와 마찬가지로 민주정을 철저하게 배격했다. 그러나 자연법이 민주주의를 거부한 이유는 공화주의가 민주주의를 거부한 이유와 달랐다. 공화주의 패러다임이 무엇이 **좋은가 혹은 나쁜가**를 따지는 반면, 자연법 패러다임은 무엇이 **옳은가 또는 그른가**를 따진다. 공화주의자가 강하고 역동적인 사회에서의 자유로운 삶을 꿈꾸는 반면, 자연법학자는 법이 지배하는 정의로운 사회에서의 평화로운 삶을 추구한다.

자연법 전통의 사고방식과 세계관을 이해하고, 왜 근대 초기 유럽의 자연법학자들이 민주주의를 거부했는지 알기 위해서는 자연법 전통 내부에 분열이 발생하게 만든 쟁점들을 알 필요가 있다. 그 쟁점들이 훗날 민주주의를 주창한 사람들과 그들의 동시대인들에게 중요하게 인식되었기 때문이다. 그 쟁점들에 대한 응답을 내놓지 않고서는 민주주의자들의 주장은 진지하게 받아들여질 수 없었으니, 그것들을 조금 더 자세하게 들여다보자.

| 자연법 전통의 기본 논리

자연법과 정치의 관계에 대한 오해가 일반적인 상식 수준에서, 그리고 종종 교과서 급의 서술에서 만연해 있다. 이 오해에 따르면 서양의 자연법 전통은 대단히 자유주의적인 것이다. 이러한 오해의 바탕에는 인간이라면 누구나 (자유와 평등 같은) 권리들을 자연적으로 타고나며, 그것을 법으로 보장하기 위해 사회가 형성되었고 국가와 공권력이 탄생했다고 보는 인식, 다시 말해 자연법이 곧 자연권이라고 보는 인식이 깔려 있다. 이는 여러 서양어에서 **권리**를 뜻하는 단어와 **법**을 뜻하는 단어가 같기 때문에 더욱 그럴싸해 보인다.

그러나 자연법의 핵심 원리를 구조적으로 살펴보면 **자연권 보장**이라는 요소는 자연법 체계 전체의 일부분에 불과하다는 사실을 알 수 있다. 자연권이 나와 타인에게 천부인권으로 주어져 있고 우리에겐 이러한 자연권을 지킬 의무가 있다는 식의 관념은 자연법 체계의 핵심 사항이 아니라는 말이다. 그렇다면 자연법의 체계와 핵심은 무엇인가? 먼저 자연법 세계관의 전체 구도를 아래와 같이 그린 다음에 세부적인 내용을 살펴보자.

자연법 세계관

위 구도의 핵심 사항을 요약하면 다음과 같다: 신은 인간에게 의무를 부과한다. 이 기본적인 의무들이 최초의 자연법률을 이룬다. 여기에 더하여 인간은 이 의무를 수행하는 데 필요한 수단을 확보하기 위해 노력할 의무를 추가적으로 진다. 그 귀결로서 인간은 이러한 의무들을 완수하는 데 필요한 모든 행위를 할 권리를 갖는다. 이 권리를 보장하기 위해서는 사회가 필요하다. 사회는 이 권리가 타인이 자신의 의무를 수행하는 데 필요한 행위를 할 권리와 충돌할 경우에 법률, 사법제도, 공권력과 같은 각종 사회적 힘을 통해 그것을 조율할 수 있기 때문이다. 사회는 인간의 선천적 사회성에서 유래하는 것일 수도 있고, 선천적으로 사회성을 타고나지 못한 인간이 상호 계약을 맺음으로써 창설한 것일 수도 있다. 이것은 사회의 탄생 과정에 큰 주의를 기울이지 않는 공화주의 전통과 큰 차이를 보이는 부분이다.

이것이 중세 이후 시대의 유럽을 관통하는 기독교적 자연법 패러다임이다. 자연법 세계관에서 의무와 권리는 동물이 아닌 인간에게만 존재한다. 자유의지로써 의무를 수행하는 것은 인간의 특권이고, 온갖 권리와 지배력의 연원이 여기에 있다. 이 도식에서 보다시피 의무가 권리보다 상위에 있다. 즉 의무가 먼저 존재하고, 권리는 그 의무를 뒤따른다. 가장 중요한 의무는 곧 **자신을 지키라**는 것이다. 자연법 전통에 속하는 철학자인 토머스 홉스^{Thomas Hobbes}는 이것을 아래와 같이 정리했다.

> **자연법**^{lex naturalis}이란 인간의 이성이 찾아낸 계율 또는 일반적 원칙을 말한다. 이 자연법에 따라, 자신의 생명을 파괴하는 행위나 자신의 생명보존의 수단을 박탈하는 행위는 금지되며, 또한 자신의 생명보존에 가장 적합하다고 생각되는 행위를 포기하는 것이 금지된다.[1]

17세기 자연법학에서 신은 인간에게 동물적 생명체로서 자기보존의 의무를 주었다. 이런 체계에서 자살은 의무를 저버리는 행위이자 죄에 해당한다. 자신의 신체만 보존해야 하는 것이 아니다. 타인의 신체도 신의 피조물인 만큼 존중할 의무가 있다. 이는 신이 자신의 형상을 본떠 만들었다고 하는 피조물을 인간의 의지로써 함부로 파괴하지 말아야 할 의무와 연결된다. 바로 이 의무들로부터 모든 다른 자연법을 에워싸는 으뜸가는 준칙이 도출된다: "남이 너에게 행하기를 원치 않는 일은 너도 남에게 행하지 마라." 내가 남에게 나의 신체와 재산을 공격받기 싫다면, 나도 남의 신체와 재산을 공격하지 않아야 한다는 것이다. 그것이 창조의 질서를 따르는 것이고 자연의 법칙을 따르는 것이라는 관점이 바로 자연법 세계관의 토대를 이룬다.

바로 이 **의무로부터 권리가 도출된다.** 자신을 지키라는 의무, 모든 의무 중에서도 으뜸가는 이 의무를 수행하기 위해서 마땅히 그에 수반되는 필수적인 행위들이 있다. 이를테면 누가 나를 공격하면 나는 스스로를 방어해야 한다. 이 경우 나는 나를 방어할 권리가 있는 것이다. 이 권리는 자연법을 지키기 위한 행위를 보장하기 위해 존재한다.

게다가 자기보존의 의무로부터 나의 신체만 방어할 권리가 생기는 것이 아니다. 자신을 보존하는 데 필수적인 것은 모두 지킬 권리가 생긴다. 이 지점에서 소유권과 재산이 중요하다. 자연법학자들은 사람이 자신을 지키기 위해서는 자기만의 재산이 필요하다는 점에 대부분 동의했다. 그래서 어떤 사람의 재산을 뺏고 소유권을 침해하는 것은 결국 그 사람이 신에 대해 자기보존의 의무를 다하는 것을 방해하는 행위라고 인식했으며, 이런 점에서 그와 같은 침해를 받는 사람은 그것에 저항할 의무와 권리를 모두 갖는다고 설명했다. 이것이 정식화되자 유럽의 자연법 전통에서는 **재산 소유**를 **신체의 연장**으로 보기도 했다. 무엇보다도 소유권은 자기보존 문제로부터 떼어놓을 수 없다는 특성 덕분에, 복지와 같은 여타 사회적 권리 혹은 **불완전한 권리**^{iura imperfecta}와 대비되는 **완전한 권리**^{iura perfecta}로 간주되었다. 재산이 있어야 생존이 가능할 것 아니냐는 논리였다.

생존투쟁과 자기방어는 동식물에게도 적용되는 삶의 원칙이며 **무도덕적**이다. 자연법이 인간에게 요구하는 것은 **자기보존**이라는 제1원칙을 지키되, 그것을 사회를 이루고 함께 살아가는 사람들에 대한 의무와 권리의 **도덕적 원칙들**에 잘 들어맞는 방식으로, 다시 말해 나의 삶이 남의 삶과 공존할 수 있는 방식으로 지키라는 것이다. 인간이 이처럼 신이 내려준 의무를 수행하기 위해서, 그리고 그것을 행하는 데 필요한 수단들에 대한 **도덕적** 권리를 보장하기 위해서는 사회가 필요하다. 그래서 자연법 세계관에서 **개인**이 신에게서 받은 의무만큼이나 중요한 요소가 바로 **사회**이다.

| 자연법 전통의 정치사상

사회는 어떻게 형성되는가? 자연법 전통은 이 문제를 놓고 두 갈래로 나뉜다. 분기의 기준이 되는 핵심 개념은 **사회성**^{socialitas}이다. 여기서 사회성은 사람들이 서로 모여 사회를 이루고 살아가려 하는 경향성을 뜻한다. 근대 초기부터 서양인들은 인간이 이러한 사회성을 갖고 태어나는 것인지, 혹은 고립된 존재로 살아가려는 경향성이 훨씬 더 강해서 모아놓으면 서로 싸우게 되는 것인지를 두고 수백 년 동안 논쟁을 벌였다. 특정 사상가가 이 논쟁에서 어느 쪽에 서는지가 그 사상가의 인간관을 보여주는 지표라고 생각되었다. 그리고 그의 인간관은 그 사상가 특유의 역사관과 정치이론으로 연결되었다.

① 인간은 함께 어울려 살도록 태어났다

호로티위스^{Hugo Grotius}, 컴벌랜드^{Richard Cumberland}, 푸펜도르프^{Samuel von Pufendorf}, 턴불^{George Turnbull}, 허치슨^{Francis Hutcheson}, 뷔를라마키^{Jean-Jacques Burlamaqui}, 바텔^{Emer de Vattel}을 포함하여 거의 대부분의 자연법학자들은 인간이 혼자서는 자기보존이라는 제1의무를 수행할 수 없을 만큼 연약하게 태어나기 때문에 결국 사회를 이룰 수밖에 없다고 생각했다. 그래서 정도의 차이가 있을지언정 인간이 자연스럽게 모여서 사회를 이루기에는 충분할 만큼의 사회성을 갖고 태어난다고 생각했다. 이 타고난 사회성을 **자연적 사회성**^{natural sociability}이라 부른다.

자연적 사회성의 존재를 인정하는 관점은 인간이 사회를 필요로 할 뿐 아니라 자연스럽게 사회를 이루고 살도록 서로에게 공감할 수 있는 능력을 타고났다고 주장한다. 타인의 눈물과 비명이 우리의 마음을 불편하게 한다는 사실이 증거로 인용된다. 이 관점에서 볼 때, 인간은 이미 사회성을 타고나기 때문에 계약을 하지 않고도 자연스럽게 사회를 이룬다. 그러므로 사회를 구성하기 위해서 굳이 자연상태에서 사람들이 모여서 계약을 맺을 필요가 없다. 이 관점에서 보면, 자연상태에서 인간들이 모여서 성립시켰다고 사회계약론자들이 주장하는 이른바 원초적 사회계약은 필요하지도 않았고 실제로 체결되지도 않았다.

인류가 자연상태를 벗어나 사회를 형성하는 것이 인간의 본성에 따른 일인 만큼, 국가들도 각자 단독으로 존재하면서 서로를 끝없이 해치는 만성적 전쟁상태에 빠지지 않기 위해 자연스레 그 나름의 사회를 구성한다. 그러한 국가들의 사회, 즉 국제사회는 힘의 논리만으로 모두 설명될 수가 없고 그것은 인간과 국가의 본성에 합치하지도 않기 때문에, 국제사회를 규율하는 준칙으로서 국제법을 필요로 하게 된다. 그것은 승자와 패자에게 공통의 해결책을 제시함으로써 평화를 가져올 수 있는 이상적인 만민법으로서, 이에 따라 국가들도 개인들과 마찬가지로 의무와 권리를 갖게 된다. 물론 국가가 갖는 의무·권리는 개인의 의무·권리와 그 내용이 다를 것이다. 그러나 이런 설명을 제시한 사람들 중에 실제로 국제법의 요체를 그려내려고 시도한 유명한 국제법학자들은 대부분 당시 유럽에서 강대국의 배타적 권리를 부인할 필요가 있었던 약소국 출신이었다는 점을 기억해두자. 힘과 힘이 부딪힐 때, 아무래도 더 약한 쪽이 법의 도움을 요청하게 되는 법이다.

이처럼 국제적으로나 국내적으로나 인간이 서로 싸우고 죽이는 것보다 함께 살아가는 것이 더 자연적이고 본성에 맞는다면, 사회를 이루고 살아가는 사람들은 서로 협력하여 사회상태 안에서 더 나은 상태의 삶을 만들어갈 잠재력을 지닌다. 따라서 자연적 사회성의 지지자들은, 적절한 수준에서 잘 기획되고 실행되기만 하면 정치적·경제적 개혁이 충분히 긍정적인 전망을 제시할 수 있으리라고 보았다.

② 인간은 서로 싸우도록 만들어졌다

자연적 사회성을 지지하는 관점의 반대편에는 홉스로 대표되는 반사회성 테제가 있었다. 홉스는 대작 『리바이어던』*Leviathan*에서 인간이 다른 모든 인간에 대해 늑대와 같은 존재라고 주장했다. 그가 볼 때 인간은 대체로 엇비슷한 힘을 갖고 태어났지만, 사회성은 타고나지 않았다. 그러므로 홉스는 인간이 언제든 자기보존을 위해 파괴와 정복을 일삼을 것이 분명하다고 보았다. 이에 따라 그는 자연상태를 **만인에 대한 만인의 전쟁**으로 규정했다. 자연상태에서는 사회도 없고 법률도 없는데다가 압도적인 힘을 갖는 지도자도 없다. 그러므로 엇비슷한 힘과 능력을 갖고 태어난 사람들이 서로 굴하지 않고 싸우느라 생긴 무질서, 즉 **능력의 평등이 초래한 무질서** 속에서 파괴와 살육이 이어질 것이었다. 이처럼 완전한 강자나 약자가 없는 상태로 전쟁이 계속되는 한, 사람들은 마음 놓고 일하며 그 성과를 쌓을 수 없다. 이런 추론 끝에 홉스는 다음과 같이 선언했다.

> [자연상태에서는] 토지의 경작이나, 해상무역, 편리한 건물, 무거운 물건을 운반하는 기계, 지표에 관한 지식, 시간의 계산 따위는 없고, 예술이나 학문도 없으며, 사회도 없다. 끊임없는 공포와 생사의 갈림길에서 인간의 삶은 고독하고, 가난하고, 험악하고, 잔인하고, 짧다.[2]

전쟁상태로 요약되는 이 자연상태에서는 소유도 정의도 존재할 수 없다. 도덕이라는 것이 아예 존재할 여지가 없는 것이다. 홉스는 인간이 그와 같은 가혹한 상태에서 벗어날 방법은 사회를 이루고 법률을 만들어 확고한 평화를 보장하는 것뿐이라고 주장했다. 가장 확실한 수단은 사람들이 국가를 창설하는 계약을 맺고 통치자에게 법의 칼을 쥐여주는 것이다. 그리하면 적어도 한 국가 내에서는 평화가 찾아올 것이라는 계산이었다.

그러나 이런 관점에 따라 국제관계를 보면, 국가 간의 관계는 여전히 계약이 존재하지 않는 자연상태였다. 국가들이 모여서 세계를 규율하는 구속력 있는 상위법을 만든 적이 없는데다, 그럴 수도 없다는 것이었다. 여러 국가가 서로 다른 크기의 힘을 보유한 채 자신의 이익을 최우선으로 추구하는 상황에서 그들을 규율하는 법은 존재할 수 없었다. 즉 국제관계는 자연상태였고, 홉스의 정의에 따르면 자연상태는 곧 무법상태였다. 그러므로 국제법이 있다손 치더라도 그것이 평화를 보장할 것이라는 생각은 허황된 공상으로 보였고, 국제평화는 법이 아닌 힘과 힘의 충돌을 조절하는 복잡한 기제, 즉 세력균형에 의해서 한시적·간헐적으로만 보장된다고 생각되었다. 게다가 인간의 본성이 이러할진대 그 본성을 억누르기 위해 만들어진 사회는 당연히 강압적인 통치를 지향할 수밖에 없고, 사회상태는 전쟁상태로 돌입하지 않기만 해도 다행이라고 생각되었다. 이런 사고방식으로는 인간이 집단적으로 장기적이고 획기적인 진보를 이룰 수 있다고는 도저히 생각하기 어려웠다.

홉스의 이런 사상 때문에 동시대인들은 그를 혹독하게 비판했다. 당시까지만 해도 기독교적 도덕론을 중시하는 사람들이 자신들의 관점에서 무도덕한 정치꾼으로 보이는 사람을 **마키아벨리주의자**라고 불렀는데, 이제 이 욕설은 **홉스주의자**라는 말로 대체되었다. 17세기 유럽에서 종교, 도덕, 정치에 대한 글을 쓰는 문필가가 들을 수 있는 가장 심한 욕이 바로 홉스주의적 **무신론자**라는 말이었다.

앞에서 살펴본 것처럼 근대 초기 서양 자연법학의 도덕이론은 의무와 권리, 그리고 그것에 부합하는 도덕률의 근원이 신이라고 규정했다. 그래서 프랑스혁명 이후의 사고방식과 달리, 무신론자가 도덕적일 수 없고 무신론자가 의무와 권리를 이해하거나 엄수할 수 없다는 생각이 사회를 지배했다. 로크는 신을 부정하는 사람이 도덕적일 수 없다고 믿었다. 또 푸펜도르프는 홉스에 맞서서, 종교가 없다면 양심, 정의, 신뢰가 모두 사라지고 그 결과로 국가, 사회, 가정이 붕괴할 것이라고 단언했다. 도덕체계에서 신이라는 존재를 삭제하면 의무의 원천이 사라지고, 그러면 권리의 원천도 사라지고, 결국 모든 것이 무너진다는 것이다.

┃ 민주정은 자연법에 부합하는가

인간의 사회성에 대한 입장 차이는 18세기 말까지 수백년 동안 유럽의 정치사상을 갈라놓은 핵심 문제였다. 그런데 우리의 주제에서 중요한 사실은 앞의 ①과 ② 중에서 어떤 입장을 취하든, 자연법 전통의 세계관은 포르투나와 덕성을 중시한 공화주의와 달리 기독교의 신이 부여한 **의무**, 그리고 그에 따르는 **권리**, 또 그것들의 체계인 **도덕**과 **정의**를 중시했다는 점이다. **좋은** 삶이나 행복한 삶이 아니라 **옳은** 삶이 목표였다.

여기서는 옳고 그름이 중요하고, 그것을 가려낼 수 있는 능력이 중요하다. 그리고 바로 그런 능력을 보유한 사람이 입법자나 통치자가 되어야만 한다. 즉 통치자는 자신의 이성을 성실하고 탁월하게 계발했든, 신의 계시를 받았든, 어쨌든 옳고 그름을 신의 뜻에 합치하도록 정확하게 구분하고 사회가 평화를 이루고 함께 살아갈 수 있도록 법을 제정하고 시행해야 한다. 그러기 위해서는 인간이 보유한 사회성의 수준, 각 나라가 처한 환경, 각 민족이 표출하는 기질과 성격에 잘 들어맞는 법과 제도를 만들어야 한다. 자연법 전통의 이론가들은 인민 대중이 아니라 선택받은 소수만이 이 일을 똑바로 해낼 수 있으리라고 생각했다.

이런 관점을 유지하면, 인민에게는 옳고 그름을 가리는 능력과 진리를 파악하는 능력이 부족하므로 그들이 통치권을 갖는 것이 바람직하지 않다는 결론에 이르게 된다. 따라서 프랑스혁명 이전까지 자연법의 세계관을 공유한 수많은 이론가들은 거의 만장일치로 민주정이 자연법의 원리에 합치하지 않는다고 판단했다.

흔히들 자연권과 자연법에 기초한 사회계약론이 곧 민주주의 이론이라고들 생각하는데, 그것은 틀렸다. 사회성에 기초했건 반사회성에 기초했건, 다시 말해 법률의 권위를 묵시적 동의에서 찾건 사회의 창설을 원초적 계약에서 찾건, 역사적으로 사회계약 이론들은 민주적 요소를 강화하기보다는 억누르는 방향으로 전개되었다. 즉 투쟁적 정치성을 인정하기보다는 엘리트의 의지에 따른 하향식 입법과 기성질서 보존을 위한 치안을 중시하는 이론으로 구성된 것이다.

다시 말해 대부분의 사회계약 이론을 지배한 자연법의 사고방식은 정의의 체계를 올바로 판별할 수 있다고 여겨지는 소수가 법을 만들면 모든 사람이 그 법에 복종함으로써만 사회가 올바르게 유지된다는 것이었다. 따라서 바텔이나 레느발 J.-M. Gérard de Rayneval 같은 법학자들은 인민이 권력을 갖는 민주정을 "중우정으로, 즉 민중적 파벌들과 무질서주의적 파벌들로 타락할" 위험이 큰 정체로 간주했다. 그들은 인민이 "오로지 복종해야 하는" 존재이며, 통치집단에 대한 인민의 **저항권**은 대단히 예외적인 상황에서 온갖 조건들을 다 충족시킨 경우에만 소극적으로 인정된다고 강조했다.

저항권은 흔히 인민주권론과 사회계약론의 화룡점정에 해당하는 것으로 생각되곤 하지만, 실제로는 근대 초기 유럽의 자연법 체계에서 주변적인 역할만을 담당한 개념이었다. 여기서 저항권은 다른 모든 권리가 그렇듯 의무로부터 유래했다. 즉 누군가 반드시 이행해야 할 자연법적 의무를 완수하려고 할 때, 그 의무 수행을 방해하려는 통치자가 있다면 그에 맞서 해당 방해를 제거할 권리가 발생한다. 이것이 저항권이다.

현실에서 저항권은 종교개혁 초기부터 중요한 개념이 되었다. 기독교 유럽의 자연법 전통은 저항권을 오늘날 우리가 생각하는 자유와 평등 같은 개인의 자연권을 지키기 위해서가 아니라 **종교적**인 진리를 지키기 위한 차원에서 규정했다. 즉 저항권은 그것을 원용하는 특정 개신교 종파가 자신들의 "참된 신앙"을 탄압하는 지도자와 제후에 맞서 저항할 권리를 가리키는 말로 쓰였다.

이는 꽤나 일관된 자세다. 각 종파의 입장에서 볼 때 인간은 올바른 방법으로 신을 경배할 의무를 지는데, 그것은 오직 자기 종파의 교리와 형식을 지킴으로써만 가능했다. 그러므로 속세의 통치자가 자기 종파의 교리나 형식을 탄압한다면, 그에게 **저항**하여 올바른 경배라는 의무를 이행할 수단을 되찾아올 **권리**가 생긴다. 물론 극소수의 예외적인 논객들을 제외하면, 종교개혁가들은 평신도에게 저항권을 부여할 생각이 없었다. 평신도를 이끄는 사제나 해당 지역의 "참된 신앙"을 가진 제후에게만 그러한 저항권이 인정되었다. 의무에서 권리가 파생된다는 점, 의무를 완수하기 위한 수단을 확보하기 위해 방해물을 제거할 권리가 생긴다는 점에서 전형적인 자연법학의 세계관에 해당한다.

그래서 이 이론가들은 자기 종파가 소수파이거나 탄압의 대상인 지역에서는 저항권을 부르짖으면서도, 자기 종파가 대세를 장악한 지역에서는 저항권을 인정하지 않았다. 자기 종파의 교리가 유일한 진리라고 믿었기 때문이다. 신을 올바른 방법으로 경배할 의무를 수행할 수 있게 된 상황에서는 모든 저항권이 소멸한다고 본 것이다. 신학자 칼뱅 ^Jean Calvin 의 제네바 통치에서 드러나듯, 저항권을 부르짖던 종교개혁가들도 일단 특정 지역에서 권력을 쥔 뒤에는 엄격한 금욕주의와 질서를 강요하고 인민이 자신들의 종교적·정치적 권위에 절대적으로 복종할 것을 요구하곤 했다.

▎군주의 권리를 옹호하다

자연법이 다듬어낸 하향식 정치이론을 조금 더 가까이서 보자. 푸펜도르프에 따르면 초기 사회에서 인구가 증가하면서 자연법을 지키기 힘들어지자 인간은 신이 수여한 이성을 활용해서 국가를 창설했다. 이때 본격적으로 실정법이 등장했는데, 이것을 최종적으로 결정하는 자가 통치자다. 푸펜도르프를 17세기 최고의 자연법학자로 만들어준 이론서 『자연법에 따른 인간과 시민의 의무』 ^De Officio Hominis et Civis Juxta Legem Naturalem 에서 그는 인간이란 종으로서 번식하고 사회적으로 번영하기 위해서 자신에게 주어진 신적 질서에 복종해야 하는 존재라고 주장했다. 이때 그는 군주정이 가장 바람직한 정부형태라고 보았는데, 그 근거는 다음과 같다. 국가의 기능은 다양하고 복잡하며, 그 기능들을 통제할 권력기관이 여럿이면 국가가 분열될 위험이 있다. 이 위험을 방지하기 위해 반드시 1인의 통치를 수립해야 한다. 그 1인 외에 올바른 판단을 할 수 있는 사람의 수는 극히 적으므로 국가는 그들을 잘 가려 내고 가르치고 키워야 한다.

푸펜도르프는 군주와 이 소수의 통치집단이 행사하는 주권적 힘이 아무리 가혹하더라도 인민은 그것을 참고 견뎌야 하며, 최악의 경우 도망치는 것은 허용되지만 저항하는 것은 허용되지 않는다고 선언했다. 또한 법률은 확실하고 준엄하게 집행되어야 하며, 인민은 성문법이나 관습법에 복종해야 함은 물론이요 주권적 통치자의 개별적 명령에도 반드시 복종해야 한다고 덧붙였다.

이는 홉스의 사회계약론에서도 마찬가지다. 국가를 창설하는 사회계약은 절대적인 주권자를 옹립한다. 인민은 그 주권자에게 자신의 모든 힘과 권리를 양도한다. 국가의 힘을 분할하는 것은 국력을 분열시켜서 전쟁에서 패할 확률을 높이기 때문에 대단히 위험하며, 주권자는 1명인 것이 바람직하다. 홉스는 국왕을 처형하고 공화정을 수립했던 영국 내전기를 가리켜 "세상이 낳을 수 있는 모든 종류의 불의와 어리석음"이 목격된 시기였다고 일갈했고, 그런 시대가 왔던 이유는 "인민이 널리 타락해 있었으며 불복종을 일삼는 자들을 진정한 애국자로 여겼기 때문"이라며 한탄했다.

홉스가 볼 때 왕권의 정당성을 의심하는 것은 오만한 행위이며, 이는 내전을 초래할 뿐 어떠한 이익도 가져오지 못한다. 군주는 모든 입법권과 처벌권을 갖게 된다. 그 대신 그는 인민을 외적의 침략으로부터, 그리고 "민주주의의 광증"이 초래할 내전으로부터 보호해야 한다. 즉 군주의 임무는 대내적으로는 철저한 법 집행을 통해 모든 범죄와 혼란을 차단하고 이미 발생한 범죄를 준엄하게 처벌하는 것이며, 대외적으로는 타국의 침략으로부터 자국을 지켜내고 인민의 신체와 재산을 보호하는 것이다. 이런 임무를 완전히 내려놓지만 않으면 주권자인 군주의 의지는 절대적이며 그의 행위는 자동으로 인민 전체의 행위로 간주된다. 군주가 저지른 일을 인민이 비판하는 것은 자신이 한 일을 스스로 비판하는 것과 동일하다.

이것이 홉스가 말하는 사회계약이다. 이 계약에 따라 소유권을 포함해서 인간이 사회에서 갖는 모든 권리는 주권자인 군주의 보증에 의해서만 효력을 갖는다. 그러므로 주권자의 명령에 저항하는 행위는 모든 권리의 상실로 이어진다. 실정법에 저항하는 인민은 자신의 의지를 저버리는 모순을 범하는 동시에 내전을 일으켜 사회를 자연상태로 되돌리려는 위험 분자로 간주된다. 이 논리에 입각해서 홉스는 국가와 국법에 대한 도전을 대역죄로 규정했다.

자연법학이 말하는 사회계약은 비록 그것이 **계약**이라 하더라도 계약 당사자인 인민이 자유롭게 **파기**할 수 있는 것이 아니었다. 인민이 계약을 맺는 시점에 주권자에게 자신의 자유를 사실상 완전히 넘겨주는 일종의 예속 계약인 셈이다. 왕이 국방과 치안을 포기하지 않는 한, 저항권 발동은 인정되지 않았다. 오늘날 우리의 관점에서 보면 이런 계약은 자신을 노예로 전락시키는 것이라서 무효이거나 어리석은 것이지만, 수백년 전 유럽의 자연법학자들은 그렇게 생각하지 않았다. 그들은 위정자의 실책이나 독재에 대한 저항권을 광범위하게 인정하는 것은 내전을 조장하므로 위험하다고 믿었다.

살펴본 것처럼, 자연법의 관점에서 볼 때 통치자는 신이 인간에게 내려준 의무를 수행하기에 적합한 사회, 그리고 그 의무를 수행하는데 필요한 행위를 할 권리를 보장하기에 적합한 사회를 수립하고 유지할 능력을 갖춰야 한다. 자연법학은 시간의 흐름 앞에서 바스러지지 않을 부강한 나라를 만들기 위해서 무엇을 해야 하는가를 판단하기보다는 무엇이 정의에 부합하는가, 무엇이 옳고 무엇이 그른가를 판단하는 능력을 요구했다. 이런 관점에서 볼 때 통치하는 의지는 **옳은 의지**라야 하며 **인민의 의지**여서는 안 된다. 무지, 정념, 이기심에 휘둘리는 인민의 의지는 전혀 합리적이지도 이성적이지도 않기 때문에 그것이 옳은 의지일 확률은 극히 낮다는 것이 지배적인 인식이었다.

이런 이유로 자연법학자들은 민주정을 비현실적일 뿐만 아니라 올바르지도 않은 정부형태로 규정했다. 따라서 17~18세기 자연법학의 일반론을 집대성한 학자로 간주되는 뷔를라마키가 민주정을 "최약체이자 최악인 정부형태"로 규정한 것은 전혀 놀라운 일이 아니다. 그는 민중의 "무지와 야만성"이 바로 그들이 통치하기 위해서가 아니라 통치받기 위해서 존재한다는 사실의 명백한 증거라고 주장했으며, 다수 인민이 정치에 참여하지 않는 것이 그들 자신을 위해서 더 나은 일이라고 단언했다.

자연법 전통의 또다른 흐름

다만 이 전통 내에서도 분열이 있었다는 점을 기억하자. 앞서 설명한 자연법 전통의 두 갈래 중 자연적 사회성을 인정한 사상가들은 훗날 사회적 진보·개선의 가능성을 대표하는 입장에 자양분을 공급했다. 즉 인간이 집단으로서 더 나은 삶을 살 수 있다는 가능성을 인정하는 한편 그런 삶을 위해 사회적·국가적 개혁을 추진하는 것이 무의미하지 않다고 주장하는 18세기 계몽사상가들에게 이론적 바탕을 제공하게 된 것이다. 반면 자연적 사회성 이론을 배격한 홉스는 (자신과 마찬가지로 민주주의를 거부했던) 영국 내전기 공화파 인사들을 **민주주의자**라고 부르며 비난했고, 공화주의가 인민의 평화로운 삶을 해친다며 비판했다. 이로써 홉스는 18세기와 프랑스혁명을 거치는 내내 보수적 왕당파 이론가들이 사용할 수 있는 무기를 제공했다.

자연적 사회성에 반대함으로써 17세기의 홉스만큼 유명해진 사람이 바로 18세기의 루소였다. 그는 『인간 불평등 기원론』*Discours sur l'origine et les fondements de l'inégalité parmi les hommes*에서 인간이 사회성을 타고났기 때문에 사회를 이룬 것이 아니라고 주장했다. 사회는 인류의 본연적 사회성 덕분에 생겨난 것이 아니라, 단지 우연한 계기들을 통해 발생했을 뿐이라는 것이다. 이에 따르면 인간은 자연상태에서 벗어나면서 **소유**라는 새로운 제도를 만들게 되었고, 그 과정에서 불평등이 탄생했으며, 그와 같은 상황에서 인간이 집단으로서 자신을 보호하기 위해 법을 만들고 국가를 창설하는 사회계약을 맺게 되었다.

루소와 홉스의 생각은 서로 달랐다. 인간이 자연상태에서 파괴와 살육으로 점철된 삶을 불안하게 살아갔으리라는 홉스의 추정과 반대로, 루소는 자연상태에서 인간이 사회를 이루지 않은 채 행복한 수렵·채집 생활을 누렸다고 믿었다. 그러나 인간이 자연상태에서 본래부터 사회를 이루도록 태어난 것이 아니라는 점에서 루소는 홉스에 동의했다. 이 때문에 루소는 동시대인들로부터 **홉스주의자**로 악명이 높았다. 그것은 당대 기준으로 명백하게 나쁜 평판이었고, 그가 죽는

날까지, 그리고 그의 사후에도 쉽사리 벗겨지지 않았다.

자연적 사회성을 거부한 루소는 홉스와 마찬가지로 사회가 더 나은 상태를 향해 진보할 수 있다는 희망을 극히 희박하게만 품었고, 집단으로서 인류의 미래가 절망적이라고 판단했다. 그랬기 때문에 루소는 민주주의가 현실에서 가능하다고 생각하지 않았고, 당시 유럽의 주요 국가들에 민주정을 수립하는 행위는 재앙을 초래할 것이라고 믿었다. 심지어 그의 『사회계약론』$^{Du\ contrat\ social}$은 널리 알려진 오해와 달리 민주주의의 가능성에 사형선고를 내리는 글이었다. 다음 장에서는 그 책에서 전개된 사회계약 이론과 민주주의의 관계를 상세하게 살펴보겠다.

루소의 사회계약론

18세기 유럽 사회를 지배한 정치체제는 단연 절대군주제였다. 그것을 지탱하던 대표적인 사상은 국왕이 신으로부터 직접 통치권을 받았다고 주장하는 **왕권신수설**이었다. 사실 우리가 지금까지 살펴본 공화주의나 자연법 전통은 공히 왕권신수설과 대척점에 있었다. 국왕이 신으로부터 입법권과 (사법권과 행정권을 포괄하는) 집행권을 모두 직접 받아서 통치한다는 사고방식은 시민단의 덕성으로 필멸공동체의 운명을 점치는 공화주의나 만인의 의무와 권리로부터 법체계를 도출하는 자연법과 근본적으로 달랐다.

그런데 이 왕권신수설에 반대하고 일정한 자유를 확립하려고 노력한 개혁가들조차 자신이 공화주의자건 자연법학자건 결코 민주주의를 절대왕정의 대안으로 받아들이지 않았다. 16세기 네덜란드의 독립전쟁과 17세기 영국의 내전과 혁명을 포함한 온갖 격변기에도 이런 경향은 굳건하게 유지되었다.

일반적으로 통용되는 견해에 따르면, 유럽인들이 17세기까지는 이런 이유로 민주정을 거부했지만 계몽사상의 시대라고 불리는 18세기가 되자 **이성**의 원칙에 따라 민주주의의 초석을 놓는 이론들을 만들어 냈다고 한다. 그중에서도 특히 루소의 『사회계약론』이 민주주의 이론의 시초라고들 생각한다. 또 볼테르[F.-M. Arouet, Voltaire]를 비롯한 계몽 시대의 위대한 문필가들이 관용과 자유를 부르짖으며 민주주의의 투사 역할을 했다고들 말한다. 이런 해석이 오랫동안 세계 학계에서 널리 유통되었지만, 지성사가들은 이것이 18세기 사료를 비역사적인 방식으로, 그리고 단편적으로 취사선택해서 읽었기 때문에 발생한 오해라고 주장한다.

사실 루소와 볼테르를 포함해 계몽사상가들 대부분은 민주주의를 배격했다. 당시 사상가들의 사유는 자연철학, 도덕철학, 자연사, 역사, 정치경제론, 정부형태론, 그리고 미래 유럽의 질서 구상과 같은 다양한 층위에서 서로 충돌하면서 여러 거대한 논쟁의 장을 구성했기에, 후대 역사가가 그것들을 모두 묶어 하나의 정제된 논리구조나 이념으로 통합하는 것이 불가능하다. 그래서 **계몽주의**라는 용어보다는 **계몽사상**이나 **계몽의 시대**라는 말이 더 적절하다. 그런데 이처럼 서로 논쟁하며 복잡하게 갈라져 있던 계몽사상가들 사이에서도 민주정은 최악의 정부형태 또는 비현실적인 망상이라는 데 대부분 의견이 일치했다. 그래서인지 민주정을 긍정적으로 검토했던 극소수 사상가들은 해당 문건을 생전에 출판하지 않았다.

그런데 우리가 계몽의 시대 이후 혁명의 시대에 발생하게 되는 **민주적 전환**을 정확하게 이해하기 위해서는 혁명 이전의 계몽사상가들이 왜 민주주의를 거부했는지 그 이유를 구체적으로 알아야만 한다. 특히 먼저 오늘날 민주주의의 교범으로 인식되기도 하는 루소의 『사회계약론』을 정확하게 이해하는 것이 중요하고, 루소와 다른 방식으로 생각했던 당시 유럽인들이 왜 루소와 마찬가지로 민주주의를 거부했는지도 알아봐야 한다. 그런 다음에야 우리는 비로소 프랑스혁명이 가져온 충격파를 인지하고 민주주의 담론에 생겨난 변화를 식별할 수 있게 될 것이다. 따라서 이 장에서는 루소의 『사회계약론』을, 다음 장에서는 볼테르와 몽테스키외를 비롯한 다른 사상가들을 다룬다.

| 『사회계약론』의 지성사

『사회계약론』은 1762년에 출판되었다. 그로부터 27년 뒤인 1789년에 프랑스혁명이 터졌다. 전통적으로 정치학자들은 『사회계약론』이 직접민주주의를 옹호했으며 프랑스혁명의 교과서 역할을 했다고 생각해왔다. 그런데 이것은 현상의 단면만 보고 판단한 것이다.

사실 『사회계약론』은 희망의 찬송가가 아니라 절망의 서사시라고 불려야 마땅하다. 단적으로 얘기해, 루소는 민주주의 이론을 만들어낸 것이 아니라, 민주정을 세우고 유지하는 일은 현실에서 불가능하다고 주장했다. 그는 18세기 유럽의 상황 속에서 사람들이 자유로운 국가나 사회를 만들어 함께 살아가는 일이 사실상 불가능할 것이라는 전망을 내놓았던 것이다. 1789년의 혁명가들도 루소의 『사회계약론』을 읽었고, 그 속에 담긴 루소의 이러한 절망을 정확하게 파악했으며, 개혁과 민주주의의 전망을 제시하기 위해서는 그의 『사회계약론』이 내포한 좌절을 극복하는 일이 필요하다고 보았다.

로버트 단턴Robert Darnton이 지적했듯, 공식적인 출판 시장에서 『사회계약론』의 판매량은 당시 유행하던 포르노그래피 소설이나 『신엘로

이즈』*Julie, ou La nouvelle Héloïse* 등 루소의 다른 저작에 비해 훨씬 적었다. 그러나 『사회계약론』은 같은 해에 출간된 그의 『에밀』*Émile, ou De l'éducation* 과 함께 여러 유럽 국가의 검열 당국이 단골로 '화형'에 처한, 대표적인 불온서적이었지만 해적판이나 요약본 같은 비공식적 판로를 통해 널리 유통되었다. 단턴 이후 많은 연구가 이루어졌고, 이제 우리는 18세기 당대인들이 『사회계약론』에 많은 관심을 보였다는 사실을 안다. 애덤 스미스^{Adam Smith}는 『사회계약론』이 "언젠가 루소가 평생 겪은 박해를 보상해줄 것"이라 예언했고, 볼테르는 『사회계약론』의 가장자리에 꼼꼼하게 자신의 독서노트를 적어놓았다. 뒤팽^{L.-A.-J. Dupin de Chenonceaux}이 증언하기로는, 당대의 대철학자인 콩디야크^{Étienne Bonnot de Condillac}는 "『사회계약론』을 읽고서 끝없이 만족스러워했으며, 자신이 가르치던 어린 파르마 공에게 그것의 내용을 설명했다."

그렇다면 루소는 『사회계약론』에서 무슨 말을 했을까? 오늘날 학자들은 그 책에서 루소가 근대사회의 부패를 일소하고 민주주의를 수립해야 한다고 주장했으며, 그 핵심 내용은 그가 제시한 인민주권 이론에 있다고 해석한다. 다시 말해 근대 민주주의는 역사적으로 루소의 사회계약 관념에 의해 수립되었다는 것이다. 현대 정치학자들이 『사회계약론』에 자신들의 관심사를 종종 비역사적·시대착오적으로 투사해서 해석해왔기 때문에 이와 같은 관점이 유지될 수 있었다. 그들이 주로 관심을 갖는 것은 루소가 주권과 대의제의 관계, 자유와 법(또는 질서)의 관계, 개인과 국가의 관계를 어떻게 설정했는가, 그것이 갖는 정치철학적 의미가 무엇인가 하는 문제다.

이 해석들에 맞서, 우리는 다음과 같은 질문을 던져볼 수 있다. **과연**

루소가 『사회계약론』에서 하려던 말은 무엇이었는가? 『사회계약론』에 담긴 루소의 주장은 다음과 같다. ① 상업으로 타락하고 유약해진 서유럽이 내부의 부패로 인해, 그리고 용감무쌍한 동방 야만인의 침략으로 인해 몰락할 것이다. ② 인간이 사회 속에서 정치체를 이루고 자유롭고 평등하게 살아가는 일은 군주정에서든 귀족정에서든 민주정에서든 불가능에 가깝다. ③ 그나마 한번도 타락한 법에 노출된 적이 없는 인민이 살고 있으며 대체로 토지가 평등하게 분배된 농업 소국에서는 자유롭고 평등한 삶이 가능할지도 모르지만, 그런 나라가 존재할 가능성은 극히 미미하다. ④ 게다가 그런 소국이 있다손 치더라도 강대국의 침략으로 쉽게 멸망해버릴 것이다. 결론적으로 현실에서 인간에게 펼쳐진 자유의 가능성의 지평은 좁디좁아서 한없이 무(無)에 가깝다는 것이다. 몹시 비관적이지 않은가? 어떤 이유로 루소가 위와 같은 결론에 이르렀는지 알아보자.

┃ 인간은 사회 속에서 자유를 지킬 수 있는가

> 인간은 자유롭게 태어나 어디에서나 쇠사슬에 묶여 있다.[1]

『사회계약론』 제1권 제1장을 여는 유명한 문장이다. 자유롭게 태어났는데 왜 도처에서 쇠사슬에 묶여 있을까? 인간이 **자연**에서 **사회**로 이행하는 과정에서 문제가 발생했던 것이다. 다수의 인간이 사회를 이루고 살아가는 과정에서 자유를 수립하거나 보존하는 것이 가능할까? 인류의 역사에 그런 경우가 있었던가? 있었다면 그것을 지금 어떻게 복원할 수 있는가? 만일 없었다면 과연 앞으로는 그런 경우가 발생할 수 있을까?

이런 질문들 속에서 계몽의 시대 유럽의 많은 철학자·문필가·정치인은 **자유국가**를 규정하고 그것의 실현으로 나아갈 방법, 즉 **이행기제**를 모색하는 데 노력을 기울였다. 당시까지 수백년간 자유라는 개념을 둘러싸고 도덕철학적·신학적 논증들이 난립했고, 그에 따라 자유국가의 정의도 각양각색이었는데, 루소는 자유국가를 "정당하고 확실한 운영 원칙"을 보유한 정치적 질서라고 정의했다.[2] 자연상태의 자유와 달리 **사회상태의 자유**는 법과 원칙에 따를 때의 자유, 나의 자유가 타인의 자유와 공존할 근본적 방안이 확보되는 형태의 자유라는 의미였다. 따라서 루소에게 자유는 **방종**이 아니라 **질서**였다. 이 질서가 정당한 권리의 바탕 위에 형성되게 함으로써 인간의 자연적 자유를 반영하고 보호할 수 있는 법적·도덕적 한계선을 획정하는 것이 루소 정치사상의 핵심 과제였다. 그리고 이러한 질서의 근본을 세우는 작업에서 그는 **강자의 권리**를 인정하지 않았다.

> 누구도 동류에 대해 자연적인 권한을 가지지 않고 힘은 어떤 권리도 생산하지 않으므로, 사람들 사이의 모든 정당한 권한은 합의를 기초로 삼는다.[3]

여기서 질서는 수시로 갱신되는 지속적 합의에 기초해야 한다. 홉스의 사회계약 이론에서는 확고한 질서 수립을 위해 최초 계약 시점에 단 한번 동의함으로써 모든 것이 끝난다는 점을 기억하자. 루소가 볼 때 홉스의 계약에서처럼 자유를 전제군주에게 완전히 양도해버린 뒤에 얻은 **평온**은 마치 **지하 독방**에서의 안전과 마찬가지로 **비참**한 것이었다. 인민이 자신의 자유를 스스로 팔아치우는 행위는 루소가 볼 때 미친 짓이다. 미친 짓은 법적 효력을 갖지 않으며 정당한 권력의 원천이 될 수 없다.

> 흐로티위스는 이렇게 말한다. 만약 개별자가 자신의 자유를 양도하고 스스로 노예가 되어 주인을 갖는 것이 가능하다면, 왜 인민 전체가 그들의 자유를 양도하고 스스로 왕의 신민이 되는 것은 가능하지 않단 말인가? (…) [그러나] 누군가가 자신을 무상으로 준다고 말한다면, 그는 부조리하고 이해할 수 없는 소리를 지껄이고 있는 것이다. 이렇게 하는 사람은 제정신이 아닌데, 이런 사실만으로 그의 행위는 부당하며 무효가 된다. 인민 전체에 대해 같은 것을 말하는 것은 곧 정신 나간 사람들로 구성된 인민을 가정하는 것이다. 광기는 권리를 만들지 않는다.⁴

루소는 이런 주장을 펼침으로써 선배 자연법학자들의 정치이론을 거부했다. 그들은 신이 동물로서의 인간과 도덕적 인격체로서의 인간에게 부여한 의무·권리 체계가 인간들이 전쟁이나 합의를 통해 절대왕정 또는 노예제를 수립하는 것까지 허용한다는 논리를 폈지만, 반대로 루소는 오직 지속적이고 이성적인 합의와 동의에서 도출된 권리만이 정당하게 **권리**라는 이름을 가질 수 있다고 말한 것이다. 나아가 루소는 한 세대의 노예계약은 다음 세대를 구속할 수 없다고 말한다. 그는 이렇게 말한다.

> 누구나 자신을 양도할 수 있다고 하더라도 자신의 아이를 양도하는
> 것은 불가능하다.[5]

루소는 합의로 만들어진 권한에서만 진정한 권리가 나올 수 있음을 천명했다. 이 합의의 주체들이 바로 권한을 부여하고 권리를 보증하는 주체, 즉 정치사회의 주권자이다. 주권자로서 결합한 인민은 단순히 여러 사람이 모인 단체가 아니라 하나의 정치적 인격을 갖는 **인민체**(人民體)가 된다. 이것은 사회적 집합체이며, 공적 인격이다. 이것이 **공화국 또는 정치체**라고 불리는 것이다.

이들이 하나의 정치체로서 집합적으로 갖는 의지를 **일반의지**라고 부른다. 이것은 각 개인이 사적으로 갖는 **개별의지**들을 단순히 합쳐놓은 **전체의지**와는 다른 것이다. 일반의지는 전체의지와 달리 일정 수준의 공적 합리성을 갖는다. 루소는 법은 반드시 일반의지에 따라 제정해야 한다고 주장했다. 이는 곧 개개인이 자신의 이해관계를 초월하여 시민으로서 자신을 국가공동체 전체의 입장에 놓고 이성적으로 고민한 결과로 형성하게 되는 일반의지에 따라 법의 원칙을 확립해야 한다는 뜻이었다. 사회는 오직 "공동이익을 기준으로 통치되어야" 하며, 공동이익을 추구하는 의지가 바로 일반의지이다. 여기서 루소의 의도는 만일 자유국가가 존재할 수 있다면 그런 국가는 이성적인 공적 사유의 집합체에 따라 운영되어야만 하며, 다양한 사적 이해관계의 충돌과 타협에 의해서 운영되어서는 안 된다는 점을 주장한 것이었다.[6]

┃ 주권은 양도할 수 없다

루소는 이로부터 중요한 결론을 하나 도출했는데, 그것이 바로 **주권의 불가양도성**이었다.

> 주권은 일반의지의 행사일 뿐이기에 결코 양도될 수 없으며, 주권자는 집합적 존재일 뿐이기에 오직 그 자신에 의해서만 대표될 수 있다. 힘은 이전할 수 있지만, 의지는 이전할 수 없다.[7]

오늘날까지 지배적인 정치 제도인 대의제의 기본 사상은, 개별 시민들을 대신해줄 대표를 투표로 뽑아서 국회를 비롯한 국가 기구를 구성하면 그것이 바로 모든 시민의 뜻을 반영하는 국가 제도를 만드는 셈이라고 보는 것이다. 루소보다 100년 앞서 홉스는 대의제를 통해 절대적인 권력을 갖는 군주를 세우는 사회계약 이론을 제시했었다. 봉건사회와 근대 초기 서유럽에서 대의제는 사제, 귀족, 평민으로 이루어진 3층짜리 신분사회에서 각 신분의 균형을 확보하거나 서로 충돌하는 사람들의 이익 사이에서 합의점을 찾는 방편으로 받아들여졌다.

그러나 루소는 주권을 양도할 수 없다는 언명을 통해, 이러한 대의제를 정당한 주권 행사 방식으로 인정할 수 없다고 천명했다. 루소는 주권이 개인에게 있지 않고 전체적 집합으로서의 인민에게만 존재하는 것이기에 결코 양도할 수 없다고 주장했고, 따라서 대의제는 국가의 정당성을 근본적으로 훼손하는 장치라고 말했다. 이런 관점에서 볼 때 **대의제**는 민주주의와는 말할 것도 없고 어떤 정부형태와 결합하더라도 자유국가를 창설할 수는 없는 방편이었다. 대의제 민주정, 대의제 귀족정, 대의제 군주정 셋 모두 루소의 눈에는 국가 창설시의 정당성이 결여된 체제였다. 다시 한번 강조하자면, 루소가 말하는 주권자는 생사여탈권과 최종결정권을 홀로 휘두르는 존재인데, 그런 막강한 힘을 타인에게 무작정 위탁하는 행위가 루소에게는 어불성설이자 광기로밖에 보이지 않았다.

사실 주권을 가장 높은 곳에 있는 힘으로 간주하는 이 접근법은 근대 초기에 절대왕정의 국왕주권을 설명하는 데 자주 활용되던 것이다. 그런데 루소는 홉스나 보댕Jean Bodin과 달리 주권의 소재지를 군주가 아닌 인민에게서 발견했으며, 이에 따라 "인민단체에게는 어떤 종류의 기본법도 의무가 되지 않으며 의무가 될 수도 없다"라고 주장했다.[8] 인민의 의지가 법을 만든다면, 논리적으로 따져볼 때 법은 인민의 의지 아래에 있다. 이것의 역관계는 어떤 경우에도, 그것이 헌법이라 할지라도 성립할 수 없다. 의지가 법을 정초할 때 의지는 이미 법 위에 군림하고 있기 때문이다.

다만 이런 생각을 루소가 처음으로 한 것은 아니었다. 이 논리는 그 명료성 덕택에 고대 그리스의 민주정에서부터 근대 군주정에 이르기까지 많은 지지자를 거느렸다. 주권자가 인민이라면 인민의 의지가 법 위에 있고, 주권자가 왕이라면 왕의 의지가 법 위에 있다는 논리이다. 루소는 이런 주권론을 매우 명확한 논리로 다듬어 차용했다. 즉 자유국가에서는 인민의 뜻이 법 위에 있다는 것이다.

| 자유국가가 만들어지기 위해선

그렇다면 최초에 이런 자유국가의 틀을 만드는 방법은 무엇일까?

루소는 위대한 입법자가 필요하다고 말한다. 자연적 자유를 상실하고 사회상태에서 타락한 인간은 오만함과 자기애에 물들어서 판단력이 흐려졌기에, 그런 인간들이 모여서 주권적 단체를 올바르게 구성하고 국가를 창설하여 현명한 기본법 체계를 확립하기는 어렵다는 것이 루소의 판단이었다. 이 경우, 민주적 결사와 제헌으로는 자유국가를 창설할 수 없는 것이다. 게다가 좋은 법을 제정했다 하더라도 그 법에 걸맞은 인민만이 그것을 감당할 수 있을 터인데, 사실 그것조차 쉽지 않았다.

> 수많은 민족이 지상에서 찬란하게 빛났으나 그들도 좋은 법을 감당
> 하지 못했고, 심지어 감당할 수 있던 민족들조차 그들이 존속했던
> 전체 기간에서 아주 짧은 시간만 그럴 수 있었다.[9]

욕망과 정념의 지배를 받는 인간이 지상에 세운 자유국가는 결국 시간이 가져오는 부패의 풍화작용 앞에서 힘없이 스러져가고야 만다고 생각한 것이다. 우리는 이것이 근대 초기 공화주의의 중심에 각인

된 세계관이라는 점을 떠올려야 한다. 루소는 자연법 전통과 함께 공화주의 전통을 받아들여, 자유국가 수립 초기 단계에는 마치 스파르타의 리쿠르고스처럼 위대하고 미덕으로 충만한 **입법자**가 필요하다고 생각했다. 입법자는 법을 통해 무엇보다도 타락한 인간의 상태를 덕성으로 향하게 만들어야 하므로 루소는 입법자가 사람을 근본적으로 바꿔놓을 수 있어야 한다고 주장했다.

루소는 이어서 물었다: "그렇다면 입법 대상이 되기에 적합한 인민은 누구인가?"[10] 즉 자유국가를 수립하고 유지할 능력과 자격을 갖춘 인민이란 어떤 조건을 갖춘 인민인가? 이것은 몹시 중요한 질문이었다. 루소는 일단 한번 타락한 인민이 다시 자유를 얻기란 몹시 어렵다고 생각했기에 "아직 진정한 법의 족쇄에 속박된 적 없는 인민"만이 자유국가를 세울 수 있다고 말했다. 게다가 자유국가를 수립할 수 있는 인민은 군사적으로 훈련되어 있고 용맹한 인민이어야 했다.

무엇보다도 중요한 것은 "모든 구성원이 서로 알고 있는" 인민이라는 조건과 "부유하지도 가난하지도 않고 자립할 수 있는" 인민이라는 조건이었다. 루소는 이 2가지 조건을 내세움으로써 경제적 불평등이 거의 존재하지 않는 소규모 사회에서만 자유국가를 수립할 수 있다고 주장한 것이다.[11]

┃어떤 정부가 자유국가를 존속시킬 수 있나

우리는 루소에게 이 **자유국가**가 **민주정**과 엄연히 다른 것이었다는 점, 그리고 『사회계약론』이 근대 유럽 정치사상의 일반적 논의 구도를 따라 국가의 크기와 정부의 형태라는 두 요소를 고려하여 자유국가의 수립 및 보존 가능성을 판단했다는 점에 주목할 필요가 있다. 루소는 **영토의 넓이**와 **인구**를 기준으로 모든 국가를 **대국**과 **소국**으로 나누었는데, 이것은 당시에 대단히 중요한 구분이었다. 우리가 이 시기의 정치사상을 이해하기 위해서는 대국과 소국의 구분을 언제나 염두에 두고 있어야 한다.

18세기는 유럽에서 **상업**commerce이 거대한 동력으로서 등장하여 국채 제도와 상비군을 등에 업고 새로운 사회적·경제적·정치적 판도와 쟁점을 만들어낸 시대였으며, 일부 역사가들과 사회과학자들은 이 시기를 '초기 자본주의'라고도 부른다. 이 문제에 대해 고민한 여러 18세기 사상가들의 주요 관심사는 새로이 도래한 **상업사회**가 시간의 풍화작용을 견뎌내고 순환하는 역사의 덫에 빠져들지 않으면서도, 즉 격변과 몰락을 방지하면서도 구성원의 자유를 지켜낼 수 있을 것인가 하는 문제였다. 특히 그들은 프랑스, 오스트리아, 영국, 러시아 같은 대국에서 계몽과 자유를 **수립**하고 **보존**하는 것이 가능한지, 가능하다면 어떤 방식으로 가능한지를 고민하는 데 집중했다.

바로 이 맥락에서 루소는 오직 소국, 그것도 앞에 제시한 엄격한 조건들을 모두 갖춘 인민이 사는 소국만이 자유로울 가능성이 있으며, 그조차도 일시적인 것에 불과할 확률이 높다고 주장한 것이다. 루소가 제시한 조건들은 충족시키기가 극도로 어려운 것이었다.

> 그렇다. 이 모든 조건이 모여 있기란 어렵다. 그래서 국가가 잘 구성되는 경우를 쉽게 찾아볼 수 없는 것이다.[12]

그렇다. 그렇지만 한번 최상의 상황을 가정해볼 수도 있을 것이다. 모든 사회구성원이 서로 알 정도로 작은 나라에 선량하고 타락하지 않은 인민이 살고 있는데 어느날 위대한 입법자가 나타나서 훌륭한 헌법을 써주고 홀연히 사라졌다고 치자. 그렇다면 이 자유국가를 **유지**할 수 있는 구조는 어떠해야 하는가? 즉 어떤 **정부형태**가 자유국가를 유지하기에 적합한가?

이런 물음에 답하고자 할 때 기억해야 하는 것은 **주권**과 **정부**가 같은 것이 아니라는 점이다. 루소는 주권이 정부와 매우 다른 것이라고 애써 강조했다. 루소의 **인민주권론**은 결코 **민주주의론**이 아니라는 점을 명심하자. 그것은 어디까지나 주권론이지, 정부형태론이 아니다. 주권은 **일반적**인 것으로서 입법에 관여하고, 정부는 **구체적**인 것으로서 법의 집행에 관여한다. "입법권은 국가의 심장이고, 행정권은 모든 부분의 운동을 일으키는 두뇌다." 그리고 입법권을 행사하는 의지인 주권은 "정치체의 생명의 원리"였다. "사람은 지능이 떨어져도 산다. 하지만 심장이 기능을 멈추면 그 즉시 동물은 죽는다."[13] 따라서 **심장**인 주권과 비교하면 **뇌**인 정부형태는 부차적이었다.

물론 사람의 몸에서 뇌가 중요하지 않은 것이 아니듯, 국가의 몸에서 정부형태도 결코 중요하지 않은 것은 아니다. 다만 루소를 포함한 많은 당대 이론가들에게 인민주권론은 원칙상 어떤 정부형태와도 결합 가능한 것이었을 뿐이다. 18세기 서양의 정치 담론은 정부의 형태를 군주정, 귀족정, 민주정으로 삼분하고 그것들을 더 세부적으로 나누거나 서로 결합하는 방식을 취했다. 인민주권론은 군주정이나 귀족정과도 얼마든지 결합할 수 있었다. (이 구도에서 **선거**와 **투표**는 귀족정의 요소로 분류되었으며, 민주정의 요소로 인식되지 않았다.)

루소는 민주주의의 가능성에 대해 절망적인 견해를 내비쳤다.

> 진정한 민주정이란 존재해본 적이 없으며 앞으로도 존재하지 않을
> 것이다. 다수가 통치하고 소수가 통치받는 것은 자연적 질서에 반한
> 다. 인민이 끊임없이 모여서 공적 사안에 열중하는 것을 상상하긴
> 힘들고, 그렇다고 해서 위원회에 위임하다가는 정부형태가 바뀌게
> 될 것이 명백하다. (…) 게다가 이런 정부에 필요한 것들을 한꺼번에
> 갖추기란 얼마나 어려운가?[14]

루소의 고민을 더 들여다보자. 민주정이 성립하려면 "국가가 아주 작아서 인민이 편하게 모이고 시민 각자가 다른 모든 시민을 쉽게 알 수 있어야" 한다. 그리고 "풍속이 매우 단순해서 업무가 늘어나고 논의가 까다로워지는 것을 방지해야" 한다. 게다가 "신분과 재산에서 상당한 정도로 평등해야" 한다. 무엇보다도 "사치가 적거나 없어야" 한다. 18세기 담론에서 매우 중요한 위치를 차지했던 **사치**라는 개념은 덕성스러운 검소함이 요구하는 생필품의 범위를 넘어 온갖 상품을 소유하거나 그것에 의존하게 되는 정신 상태를 포괄한다. 민주정은 이처럼 까다로운 조건을 충족시켜야 하는데, 설사 이 시험을 거쳐 민주정이 수립되더라도 그것은 "내전과 내란에 취약한" 정부형태라서 곧 멸망에 이를 확률이 높다.[15]

┃ 인간은 민주정을 감당할 수 없다

한탄 끝에 루소는 다음과 같이 결론지었다.

> 신들로 구성된 인민이 있다면, 이 인민은 민주정으로 스스로를 통치
> 할 것이다. 그렇게 완전한 정부는 인간에게는 맞지 않는다.[16]

『사회계약론』출간 5년 뒤인 1767년에 루소가 중농주의자 미라보 후작Victor Riqueti, marquis de Mirabeau에게 보낸 유명한 편지에서 자신은 "가장 준엄한 민주정과 가장 완전한 홉스주의 사이에서 용인할 만한 어떤 중도적 해결책도 찾을 수 없다"라고 선언했을 때 염두에 둔 것이 바로 이런 의미의 **민주정**이었다. 또 그로부터 1년 뒤, 제네바에서 일부 개혁가들이 기존 행정관들의 과두제를 개혁하려는 운동을 벌인 것에 대해서 루소는 "사람들이 제네바에 순수한 민주정을 수립하지 않으려는 것은 옳은 일이며, 나도 항상 그렇게 말해왔다"라고 논평함으로써 기존 정권의 편을 들었다. 제네바는 "근면성을 통해서만 생존이 가능하며 부자들이 많이 사는 상업도시"라서, "너무나도 소란스러운" 민주정은 그 도시국가의 정부형태로 적합하지 않다는 것이었다. 1770년에 쓴 어느 편지에서 그는 "기실 나는 제네바에든 다른 어디에든 순수한 민주정을 수립하는 것을 언제나 비난해왔다"라고 말하면서 "내 글에서 제네바에 순수한 민주정을 수립해야 한다는 주장을 발견한다고들 말하는" 독자들에게 반박하고, 자신의 의도를 표명하는 데서 종종 발생하는 "오해"에 대한 불평을 늘어놓았다.

이런 오해도 일부 있었지만, 대부분의 동시대 독자들은 『사회계약

론』에서 민주정은 인간에게 적합하지 않다는 루소의 주장을 읽어냈다. 그들은 루소가 사색의 차원에서만 민주정을 다뤘을 뿐 18세기의 현실에 그것을 적용하려는 의도가 전혀 없었다는 점을 간파했다. 일부는 자신이 이러한 루소의 의도를 정확하게 이해해서 지인들의 "오독"을 교정해줬음을 뽐내기도 했다. 같은 맥락에서 1760년대 제네바의 혁명가 디베르누아^{François Henri d'Ivernois}는 루소에게 보낸 편지에서 자신의 혁명가 동지들이 "순수한 귀족정을 수립하려는 의도가 전혀 없는 만큼이나 (⋯) 제네바의 헌정을 순수한 민주정으로 타락시키려는" 의도도 없다고 밝혔다.

　루소는 『사회계약론』에서 **민주정**과 홉스주의적 **절대왕정**이 해결하지 못하는 문제들은 그밖의 여러 정부형태로도 끝내 해결할 수 없다고 보았다. 그가 볼 때 혈통과 선출의 원칙들 위에 세워진 귀족정은 지속적인 **불평등**을 필요로 하기 때문에 자신이 제시한 자유국가의 조건에 들어맞지 않는다. 계속해서 불평등이 확대되고 뿌리내리도록 조장하기 때문이다. 그렇다고 군주정이 해결책인 것도 아니다. 루소가 볼 때 군주정은 "못난 말썽꾼, 3류 사기꾼, 하찮은 모사꾼"이 출세하는 정부형태다. 또한 왕위 계승의 안정성을 확보하기 위해 만들어진 **세습**이라는 원칙이 후계자의 **능력**을 담보하지 못하기 때문에 군주정은 계속해서 어리석은 왕과 아첨하는 대신들의 통치라는 위험에 노출된다. 왕세자를 잘 가르치면 된다는 주장에 대해 루소는 "타인에게 명령하기 위해 교육되는 사람은 어떻게든 정의로움과 이성을 상실"하는 법이라고 대꾸했다. 군주정은 대국에 적절한 정부형태라는 18세기의 상식을 뒤집어서, 루소는 "큰 국가를 잘 통치하는 일이 어렵다면 그런 국가를

1명이 잘 통치하기란 훨씬 더 어려울 것"이라고 지적하고, 군주정을 세운다고 해서 상업의 시대에 대국을 잘 다스릴 수 있는 것이 아니라고 주장했다.[17]

| 인민주권 원칙은 어디서 실현되는가

이처럼 루소는 민주정은 물론이고 귀족정과 군주정으로도 대국이 갖는 온갖 단점을 극복할 수 없다고 봤다. 대국에서는 주민들이 서로를 일일이 알 수 없고, 필연적으로 불평등이 발생한다. 그 결과 사치와 타락이 지배하게 되므로 자유로운 국가란 요원한 일이다. 특히 전체 인민이 분할되지 않은 상태로 주권자로서 지속적으로 모일 수 있어야 한다는 루소의 자유국가 조건은 18세기 유럽의 대국에서 결코 충족될 수 없었다. 나아가 루소는 의회제를 인정하지 않았다. 일시적으로나마 대표들에게 의지를 양도할 수 있다는 가정하에 입법권에 대해 대의제를 실시하는 순간 주권은 파괴된다고 믿었기 때문이다. 그러나 현실적으로 큰 나라의 인민은 의회라는 타락을 경유하지 않고서는 회합하거나 입법할 수 없었으니, 루소에게 자유란 소국에서만 가능할 법한 것이었다.

게다가 앞에서 살펴본 것처럼 루소는 일단 한번 나쁜 법의 족쇄를 찬 인민은 쉽게 바뀌지 않으므로 자유에 부적합하다고 생각했다. 그래서 프랑스나 영국처럼 큰 나라가 개혁이나 혁명을 통해 자유를 확립하거나 보존할 수 있을 것이라고는 전혀 기대하지 않았다. 그의 최종적인 결론은 다음과 같다.

모든 것을 잘 검토한 결과, 나는 아주 작은 도시국가가 아니라면 우리가 주권자로서 자신의 권리를 지속적으로 행사하는 것이 이제는 가능하지 않다고 생각한다.[18]

18세기 유럽의 지식인들은 스위스 산골의 몇몇 민주정을 예로 들어 규모와 인구가 극히 작은 농업국가에서는 민주정이 가능할 수도 있다고 생각했다. 그러나 사실 그런 주장은 다른 모든 지역에서는 민주정이 지탱될 수 없다고 말하기 위한 근거 역할을 했다. 이 문제에 대해 루소의 입장을 다음과 같이 요약해볼 수 있다.

인민의 실제 덕성을 반영하여 인민주권의 원칙에 충실한 입법을 이루어내면 인간이 타고난 자유를 지키며 사회상태에서 정치체를 이루고 살아가는 일, 즉 자유국가를 이루는 일이 가능할 수도 있다. 그것은 인민 모두가 평등하고 사치가 없는 소국에서나 가능한 것이다. 그런데 그런 소국에서조차 민주정은 너무나 까다로운 조건들을 충족시켜야 하므로 인간이 운용하기에는 적합하지 않으며 오직 신들에게서나 가능한 것이다. 반면 귀족정이나 군주정은 대국에도 적용할 수 있는 정부형태다. 그러나 그 정부형태들에는 인민주권의 원칙을 충실하게 보존하기에 미흡한 요소들이 많다. 게다가 대국이 가질 수밖에 없는 것으로 전제된 단점들, 즉 상업, 사치, 대의제 등을 극복할 수조차 없다. 따라서 진정한 자유국가를 수립할 수 있는 인민주권의 원칙이란 아무리 위대한 입법자와 뛰어난 덕성을 갖춘 인민이 있는 경우에도 오직 소국에서만 실현될 수 있다. 또한 그처럼 창설된 국가는 민주정이 아닌 모종의 혼합정체에 의해서만 통치될 수 있다.

마지막 문장과 같이, 루소가 공화주의적 인식에 바탕을 둔 혼합정체를 추구한 것은 맞다. 그러나 이 마지막 주장을 두고 루소가 혼합정체를 수립함으로써 사치, 타락, 소외와 같은 근대사회의 문제를 해결하고 자유를 확보할 수 있다고 믿은 것처럼 해석하는 것은 무리다. 루소는 현실에서 순수한 단일정체는 존재할 수 없으며 현실의 복잡성을 고려할 때 결국 모든 정부가 일종의 혼합정체라고 말했으며, 단일정체로든 혼합정체로든 **자유국가**를 창설하거나 유지하기란 여전히 요원한 일이라고 생각했다. 당시 유럽의 모든 국가 중에 그의 엄격한 조건을 만족시킬 유일한 후보는 고작 작고 가난한 섬나라인 코르시카뿐이었고, 그의 표현에 따르면 그 섬은 유럽에서 "입법이 가능한" 유일한 지역이었다.[19] 그런데 코르시카의 독립전쟁은 끝내 실패했고 섬은 프랑스에 완전히 복속되었다. 결국 소국은 대국과 싸워 이길 수 없고 대부분의 경우 대국에 종속되므로 소국이 국내에서 자유로운 체제를 수립해봤자 주변 강대국의 침략이나 간섭으로 인해 그 자유가 쉽게 무너진다는 것이 당시 사상가들의 지배적인 생각이었다. 루소도 이러한 인식을 따라 고민을 전개했던 것이다.

실제로 루소는 자신이 조국으로 간주한 제네바에서 민주적 개혁을 시도해서는 안 된다고 조언했다. 그는 제네바의 기존 과두제 정부를 통해 인민주권의 원칙이 이미 현실에서 가능한 최대 수준으로 발현되고 있다는 요지의 주장을 전개했다. 개혁가들은 루소의 이러한 주장에 아연실색했다. 이후 1782년 제네바의 개혁가들이 실제로 혁명을 성공시키자 프랑스 군대가 쳐들어와 그들을 추방하고 기존의 정권을 복원시켰다. 그러자 결국 개혁가들은 제네바 같은 소국에서 혁명을 일으키는 것이 무용한 일이라는 결론을 내리고, 스위스를 떠나 영국, 프랑스, 이탈리아 지역에서 **대국의 혁명**을 꾀했다. 그들은 큰 나라에서 시작해서 유럽 전체를 혁명의 도가니 속으로 몰아넣어야 한다는 입장을 세웠으며, 강대국들을 개혁하지 않으면 약소국의 내치內治에 자유를 가져올 수 없다고 결론 내렸다.

당대의 분위기가 이러했으니 루소는 소국이 내적으로 자유국가를 수립하고도 외적으로는 강대국의 침략으로부터 자신을 지켜낼 방법이 무엇인지 말해야만 했다. 루소는 추후에 이 방법을 모색하겠다고 약속하면서 『사회계약론』의 마지막 장에서 "대외관계", 즉 "만민법, 교역, 전쟁법, 정복, 공법, 동맹, 협상, 협약"을 다룰 후속 저작을 예고했다.[20] 그러나 그는 끝내 그 책을 쓰지 못했다. 남아 있는 그의 수고手稿를 볼 때, 시간이 없거나 관심이 떨어져서 그런 것은 아니었다. 그는 이 작업을 시도했으나 만족할 만한 답을 찾는 데 실패한 것이었다.

| 『사회계약론』의 비관적 결론

1762년 루소는 "인간은 이성의 빛보다 정념을 따르며 선을 승인하는 동시에 악을 행하기에, 진리가 현실에서 효과를 내는 일은 거의 없다"고 한탄했다. 결론적으로 『사회계약론』은 절망과 실패의 서사시라고 할 수 있다. 이 점을 잘 읽어낸 독자들의 반응을 보여주는 한 예로 들레르Alexandre Deleyre가 1764년에 루소에게 보낸 편지를 들 수 있다. 수십년 뒤 혁명가가 되는 그는 이 편지에서 "『사회계약론』의 저자라면", 즉 루소라면 "악"에 토대를 둔 "전제국가들이 지구 표면의 3분의 2를 뒤덮고 수천년 동안 지속"되는 데 비해 "단순한 진리와 엄격한 올바름"으로 세워진 국가들은 곧 멸망해버리곤 한다는 점을 누구보다도 더 잘 알 것이라고 썼다. "스파르타와 로마는 700년밖에" 견디지 못했고 베네치아는 1200년을 버텼으나 "그 주민들의 타락으로 인해 진정한 지옥의 모습을 보여주는" 도시가 되어버렸다. 위대한 입법자들의 기획은 언제나 인간의 타락과 습속의 쇠퇴 앞에 무기력하게 무너졌고, "자유로운" 공화국들은 시간의 흐름을 견디지 못하고 스러져갔다.

루소는 사회상태에서 인간이 자유로운 집단적 정치체제를 만들 수 있는가를 물었고, 그 자유가 실현될 수 있는 조건들을 파악해서 상호작용하는 요소들의 동태적 목록으로 정리했다. 그 조건들은 너무나 현실과 괴리되어 있었기에 루소 자신조차 그것들이 실현되리라는 기대를 거의 할 수 없었다. 설령 그런 엄격한 조건들을 다 갖춘 작은 정치체가 나타나더라도 그것을 강대국의 침략으로부터 보존할 방도는 발견되지 않은 상태였다. 루소는 그 방도를 끝내 찾지 못했다. 그가 타진한 개혁의 전망, 타락한 인민이 갱생할 수 있는 자유국가의 전망은 몹시 어두웠다. 유럽 문명 전체의 전망도 마찬가지였으니, 루소는 『사회계약론』 2권 8장에서 "타타르인이 러시아와 우리의 지배자가 될 것"이라고 예언했다. 이 예언은 동방의 "야만"이 결국 타락한 유럽의 상업 문명을 짓밟을 것이고 흥망성쇠의 반복을 강제하는 역사의 수레바퀴가 다시 돌아가고야 말 것이라고 내다본 것이었다.

내가 보기에 이 격변은 틀림없이 일어난다. 그것을 앞당기기 위해 유럽의 모든 왕들이 한마음 한뜻으로 일하고 있다.[21]

붕괴와 멸망에 대한 당시 사람들의 이러한 두려움을 우리는 진지하게 받아들여야 한다. 그래야만 루소를 대표적인 민주주의 이론가로 보는 해석이 시대착오와 오독의 결과라는 점을 인식할 수 있다. 이제 우리의 이야기는 당시 사람들의 머릿속을 지배하던 흥망성쇠라는 **역사의 수레바퀴**에 이르렀다. 격변의 시대, 18세기 유럽 깊숙이 들어갈 준비가 된 것이다.

06 "민주주의는 고대의 낡은 유물이다"

계몽의 시대, 군주정과 공화정

지금까지 살펴본 것처럼, 루소는 민주정이 잘 작동하려면 너무나 많은 조건이 충족되어야 하는데다가 그 조건들을 다 갖춘 뒤에도 인간의 본성상 민주정을 제대로 운영하기는 어려울 것이라고 내다보았다. 그런데 루소만 그랬을까? 아니다. 루소 외에도 대부분의 계몽사상가들은 민주주의를 거부했다. 이는 그들이 보수주의자였기 때문이 아니다. 가끔 볼테르가 민중을 경멸한 '보수' 사상가였다는 주장을 접하게 되는데, 사실 그런 분석은 볼테르가 민주주의의 투사였다는 주장만큼이나 틀렸다.

현대의 기준을 과거에 억지로 투사하는 것을 **시대착오**의 오류라고 한다. 볼테르, 디드로^{Denis Diderot}, 애덤 스미스, 마블리^{Gabriel Bonnot de Mably} 같은 18세기 사상가들이 보수적이었다고 판단하는 것은 전형적으로 시대착오의 오류에 해당한다. 계몽사상가들은 자신들의 시대에서 진보의 최전선에 있었다. 볼테르는 진보의 상징 그 자체였다. 오늘날 통용되는 **진보**의 기준에 들어맞지 않는다는 이유로 볼테르가 보수적이었다고 주장하는 사람은 보수라는 말이 도대체 무슨 뜻인지 전혀 모르는 것이다. 마치 300년 뒤에 지금 존재하는 정당들이 로봇의 권리를 옹호하지 않았다는 이유로 보수적이었다고 주장하는 것과 같다.

| 계몽사상가들이 민주주의를 거부한 이유

사실 당대의 관점에서 전혀 보수적이지 않았던 계몽사상가들이 민주주의를 거부한 데에는 '보수성'이 아닌 다른 이유가 있었다. 바로 18세기 서양의 지식인들이 다들 갖고 있던 세계관과 역사관에서 민주정의 시대는 수천년 전에 이미 지나가버렸기 때문이었다. 누구나 자기 시대가 공유하는 커다란 세계관과 역사관에서 벗어나기 힘든 법이다. 18세기 서양의 역사관에서 고대 그리스의 민주국가들은 **야만적**이고 호전적인 투사들의 세계로 간주되었다. 따라서 당시 사람들이 민주정은 **세련된** 유럽인에게 어울리지 않는다고 생각했던 것은 그리 놀라운 일이 아니다.

지금도 프랑스 최고의 인재양성 기관인 고등사범학교^{École normale supérieure}의 모체는 프랑스혁명기에 설립된 사범학교^{École normale}인데, 1795년에 이곳의 첫 역사 교수로 임명된 사람은 볼네^{C. F. de Chassebœuf, Volney}였다. 그는 고대 그리스의 민주정이 이집트나 알제리의 폭군들이 수립한 것과 다를 바 없는 노예노동 체제 위에 세워졌었다는 사실을 강조했다. 그는 거대한 군사훈련장이나 마찬가지였던 스파르타의 국가체제 때문에 3만명밖에 안 되는 인구가 더이상 증가하지 못하게 되었으며 시민들은 강제로 수도원에서와 같은 삶을 살아야만 했다고 비판했다. 반대로 "2,500만 인구가 같은 언어로 대화하고 동일한 관습을 갖고 있는" 근대 프랑스는 고대인들로부터 배울 것이 하나도 없을 만큼 대단한 진보를 이뤄냈다고 추켜세웠다.

볼네는 고대 그리스와 로마의 세계가 "가난하고 약탈적이며 분열되어 있고 출생과 편견에 의해 서로 적개심만 가득했던 여러 야만적 국가 집단으로 구성된" 것이었으며, 특히 로마가 가장 끔찍한 고대국가였다고 평가했다. 그가 볼 때 로마는 귀족들이 민중으로 하여금 노예와 별반 다를 바 없이 살아가게 만든 부끄러운 과두적 공화국이었으며, 그 공화정이 몰락하며 세워진 제정 로마가 한 일이라고는 유럽, 아프리카, 아시아를 피로 물들인 것뿐이었다.

이런 사고방식은 당시에 널리 공유되었다. 이에 따라 민주주의는 고대 노예제 사회에서 그 생명이 끝난 것으로 간주되었다. 근대 문명의 이기가 침투하지 못한 스위스 산골짜기의 고립된 몇몇 소규모 민주사회의 사례를 제외하면 유럽에서 민주정이 자리잡을 만한 나라는 없는 것으로 보였다. 당위의 차원이 아닌 현실의 차원에서도 민주정은 찾아보기 어려웠다.

▎해적선 민주주의

18세기 서양인들이 '민주주의'라는 말로 가리킨 것이 실제로 구현되어 있던 곳은 사실상 대서양의 해적선 정도밖에 없었다. 당시 일반 상선의 선원들은 선장의 독재와 억압, 그리고 선상의 모진 규율과 위험한 작업 환경을 견뎌야 했다. 그 모든 것을 참으며 쥐꼬리만 한 보수를 평생 저축해봤자 은퇴에 필요한 자금을 충분히 모을 수는 없었다. 성실하고 꾸준하게 노동하고 임금을 받는 생활이 사실상 미래가 없는 노예의 삶이라고 생각한 자들은 해적이 되었다. 그들은 애초에 가난,

저임금, 가혹한 노동 규율, 불평등한 계급 구조에 질려 탈주한 사람들이었기 때문에 그런 것들을 해적선에서 최대한 배제하려고 시도했다. 그 결과 해적 특유의 규약이 만들어졌는데, 몇가지 중요한 것만 들어보자.

해적 관련 사료 부족으로 인해 역사가들이 흐릿한 그림만 그릴 수 있는 상황이지만, 상당수 해적선의 선원들은 모든 최종적 의사결정에서 동등하게 1표씩을 행사했으며, 중요한 문제는 전체 선원들의 회의에서 다수결로 결정했다고 한다. 선장, 갑판장, 조타수는 선주가 지정하는 것이 아니라 선원들이 선출했다. 약탈에 성공하면 사람 수대로 전리품을 동등하게 나눴는데, 대개 선장은 일반 선원 몫의 1.5~2배를, 갑판장과 조타수는 1.25~1.5배를 받았다. 배에서 각자 맡은 역할에 따라 일반 선원 사이에서도 보상에 약간의 차등이 있었다. 선장은 전투에서 절대적인 지휘권을 보유했지만 일반적인 상황에서는 선원들을 함부로 처벌하거나 마음대로 통제할 수 없었다. 보수 차이가 크지 않았고 의사결정권과 존엄성의 차원에서 대체로 평등한 관계가 유지된 것이다.

선장이 전투에서 계속 패하거나(**무능**) 자신에게 할당된 몫보다 많이 챙기려고 꾀를 부리거나(**부패**) 부당한 이유로 일반 선원을 가혹하게 다루면(**폭정**) 선원들이 회의를 열고 선장을 해임할 수 있었다. 그래서 해적선의 선장들은 전투에서 계속 승리하려고 최선을 다해야만 했고, 일반 선원의 2배 정도의 몫에 만족해야 했으며, 선원을 존중하면서 관행과 규칙에 합당하게 대우해야만 했다.

이처럼 18세기 해적선의 삶은 대내적으로는 당시 '민주정'이라는 단어가 뜻하는 정치체에 가장 가까운, 극히 드물게 발견되는 사례였다. 그러나 해적들은 대외적으로 잔인하고 흉포한 야만인이자 괴물의 이미지를 얻게 되는데, 그런 인상을 주는 것이 약탈을 수월하게 만들기 때문에 해적들은 해골 문양이 널리 퍼지는 상황을 선호했다. 해적들은 전투에서 승리하여 상선에 오른 뒤 해당 선박의 선장이 선원들에게 온화했는지 가혹했는지 따져서 가혹한 선장이라는 평결이 나오면 처형했고 온화한 선장이라는 판단이 들면 잘 대해줬다고들 한다. 그러나 온갖 소문과 증언에 따르면 해적들은 자신들에게 오랫동안 저항하며 전투에 임했던 상선에 오르면 무시무시한 본보기를 남기기 위해서 그 선원들을 모두 죽이기도 했다. 또 해적들은 분쟁이 발생했을 때 심문 과정에서 고문을 일삼았고, 자신들의 규율을 위반한 자들에게 끔찍한 신체형을 가하곤 했다. (물론 그들이 그 끔찍한 신체형의 기술을 무에서 창조해낸 것은 아니며, 본국 사법 체계의 신체형도 그에 못지않게 잔혹했다.) 18세기 유럽의 지식인들은 해적들이 보여준 잔혹성이 바로 고대 민주정의 한 요소였다고 보았기 때문에 민주주의를 흔히 해적질이나 강도짓에 비유했다. 평등한 다수가 결정권을 쥐는 공동체가 얼마나 위험한지 잘 드러낸다는 점에서 그 둘이 일맥상통한다고 생각했던 것이다.

하지만 고대가 아닌 근대에 이르면, 설사 민주주의가 자유를 실현하는 좋은 방편이 아니라고 판단했을지라도 많은 계몽사상가들이 루소와 다른 길을 선택했다. 루소는 군주정, 귀족정, 민주정 그 어느 것으로도 자유국가 건설이 불가능하다고 선언하고 좌절했다. 노예노동에 경제적 토대를 둔 고대사회와 달리 노예가 없는 상태에서 인구 대다수가 노동에 투입되는 근대사회에는 거기에 적합한 새로운 종류의 자유가 있다고 믿고 그것을 실현하기 위한 방법을 모색한 계몽사상가들도 많았다. (여기서 고대와 근대의 구분은 객관적이고 과학적인 기준을 따르는 것이 아니라 당시 사람들의 일반적인 역사인식을 따르는 것이다.) 그 과정들이 어떠했는지 그리고 어떤 결론들에 이르게 되었는지를 살펴보기 위해서는 먼저 당시에 대단히 자주 사용된 **상업사회**라는 개념을 이해할 필요가 있다.

▎근대사회는 상업사회

계몽사상가들에게 대단히 중요한 논점은 바로 근대사회가 상업사회라는 것이었다. 여기서 **상업사회**란 분업이 지배적이며 누구나 타인을 거래와 교섭의 대상으로 보는 사회로서, 생산을 전담하는 노예집단이 없어서 근본적으로는 모든 사람들이 각자 노동을 해야만 자기 자신과 그 사회 전체가 생존에 필요한 경제적 생산량을 유지할 수 있는 사회를 가리켰다. 그러한 사회를 전제한 뒤에 그 사회의 역사적 발전경로를 추적하는 것이 상업사회의 역사서술이었고, 그 사회의 유지와 번영에 적합한 국가와 시장의 관계를 모색하는 것이 상업사회의 정치경제학이었다. 이처럼 역사적 관점과 고민이라는 차원에서 보면, 생산수단의 소유라는 문제에 초점을 맞춘 19~20세기 자본주의 이론을 시간을 거슬러 과거로 투사하여 그것의 '초기 단계'를 찾는 **초기 자본주의** 개념으로는 18세기 상업사회라는 범주가 지닌 의미를 제대로 담아내기 어렵다.

상업사회의 역사서술에 따르면, 유럽은 노예제 위에 세워진 (정치적으로는 흉포했으나 문화적으로는 찬란했다고 평가받곤 하던) 그리스·로마 문명과 (잔혹하고 용감하며 자유로운 전사들의 사회라고 평가받던) 게르만 야만 부족들의 **고대**가 끝난 뒤 기독교가 지배한 '암흑시대'인 **중세**를 거쳐 마침내 계몽과 이성의 시대이자 문예와 기술이 부흥하는 **근대**에 이르렀다. 근대 유럽은 제국과 제후국들로 이루어진 세계도 아니었고, 게르만 숲속에서 전사 부족들이 끝없이 유랑하며 전쟁을 일삼는 사회도 아니었다. 근대에 이르러 유럽은 각자 주권을 보유한 독립적 국민국가들이 합종연횡하며 공존하는 세계가 되었다. 이세계의 평화와 번영을 꾀하는 **상업사회의 정치경제학**에 따르면, 유럽 국가들은 상업으로 인해 한편으로는 서로의 경제적 힘에 대한 경쟁심과 질투심이 배가되었지만 다른 한편으로는 상업이 가져오는 이익이 전쟁을 억제하는 만큼 서로 간에 장기적이고 예측 가능한 평화를 구축할 가능성도 열어두고 있었다.

그런데 이같은 상업사회에도 문제가 있었다. 상업사회에서는 구성원들이 대부분 **노동**하며 살아가기 때문에 정치나 공적 문제에 관심을 가질 여유가 많지 않았다. 특히 가진 것이 적을수록 더 많은 시간을 노동에 쏟아야 하므로 모든 노동을 노예가 해주던 고대사회의 시민들처럼 정치에 참여하는 것은 불가능했다. 상업사회에서는 각자 자신의 삶을 보전하기에 급급했으며, 이에 따라 공동체 의식이 하락하고 고대 도시국가에 비해 공공성이 뒷전으로 밀려날 수밖에 없었다.

게다가 상업사회에서는 **사치**^{luxury}가 횡행했다. 사치는 당시 사람들의 역사관과 세계관에서 핵심적인 개념이었다. 18세기 최고의 정치이론가이자 문필가로 손꼽히던 몽테스키외^{Charles-Louis de Secondat, baron de}

Montesquieu는 고대부터 전해져온 역사서술, 즉 로마 제국이 광활한 영토를 정복하면서 유입된 물자가 사치를 낳았으며 그 사치로 인해 유약해진 로마인들이 야만족의 침략 앞에 맥없이 무너졌다는 설명 방식을 받아들이고 다듬어서 강조했다. 이 관점에서 볼 때 사치는 나라를 망하게 할 수 있는 위험 요소였다.

그러나 반향이 컸던 1734년작 『상업에 관한 정치적 시론』*Essai politique sur le commerce*에서 믈롱 J.-F. Melon이 주장한 바와 같이, 사치는 문명의 수준을 끌어올리는 원동력으로 인식되기도 했다. 위대한 시인이자 극작가로 널리 존경받던 볼테르는 1751년 『루이 14세의 세기』*Le Siècle de Louis XIV*를 출판하면서 유럽에서 손꼽히는 역사가의 반열에 올랐는데, 이 책에서 그는 태양왕이라 불린 루이 14세의 궁정이 사치를 잘 활용해서 괄목할 만한 문예 발전을 이루어냈다고 평가했다. 믈롱과 볼테르가 볼 때 사치는 유럽인이 야만적인 과거를 뒤로하고 세련된 미래를 열어갈 원동력이었다.

정리하자면, 상업사회는 사치를 낳았는데, 사치는 양날의 검이었다. 그러니 상업사회는 독인지 약인지 명확하게 알 수 없는 것을 내부에 품고 있었던 것이다. 이런 점에서 상업사회는 위태로운 균형 위에서 특정 단계의 역사적 진보를 책임지는 인류의 자기조직 형태였다고 하겠다.

▎민주주의가 근대 상업사회에 적합한가

야만적인 **고대인의 자유**에 맞서 세련되고 발전된 **근대인의 자유**를 찬양하던 계몽사상가들은 상업사회라는 이 위태로운 체제를 어떻게 하면 지켜낼 수 있을지 고민했다. 1771년 자유로운 혼합정체로서의 영국을 분석한 『영국 헌정』 $^{Constitution\ de\ l'Angleterre}$을 출간하여 큰 인기를 얻었던 제네바 출신 문필가 드롤므$^{Jean-Louis\ de\ Lolme}$는 근대인에게 진정한 자유란 타인의 삶을 침해하지 않으면서 자신의 노동의 성과를 평화롭게 마음대로 누리는 것이라고 주장했다. 약간 추상적으로 정리하면 공적 자유보다 사적 자유를, 정치적 자유보다 경제적 자유를 앞세웠다고 해석할 여지도 있다.

드롤므는 고대 민회에서 인민의 토론과 투표가 자유를 낳았다는 주장을 "환상"으로 치부했다. 다른 계몽사상가들과 유사하게, 그는 민주정에서는 웅변에 능한 광장의 선동가들이 자신들의 야심을 채우려고 인민을 호도하므로 인민의 선택은 언제나 엇나갈 위험이 크다고 보았다. 또 전쟁에서 많은 공을 세운 장군들이 전리품을 갖고 금의환향하면 인민이 그들의 매력에 눈이 멀어 정치권력을 넘겨준 경우가 역사에 숱하게 기록되어 있다고도 보았다. 특히 카이사르$^{Gaius\ Iulius\ Caesar}$가 공화정을 사실상 무너뜨리고 제정을 수립한 로마사의 사례가 매우 자주 원용되었다. 그리고 인민의 권력과 제국적 팽창이 결합하면 결국 군사정권이 들어선다는 것을 **로마사의 교훈**, 나아가 **역사의 교훈**으로 받아들였다. 고대 로마사를 두고서는 18세기 시인 생랑베르$^{J.-F.\ de\ Saint-Lambert}$의 표현처럼 "로마의 인민은 키케로나 카토의 진정한 위대함을 알아볼 능력을 갖추지 못했기 때문에 카이사르와 아우구스투스의 군사적 화려함과 영광에 혹했다"는 설명이 널리 받아들여졌다. 그 결과 수립된 로마의 군사정권은 "군주에게나 인민에게나 최악의 정부형태"인 것으로 평가받았다.

드롤므를 비롯한 계몽사상가들이 민주주의를 거부한 으뜸가는 이유는 민주정의 물질적 토대("무지한 인민"), 이론적 토대("인민의 권력"), 작동 방식("인민의 직접통치")이라는 3가지 요소가 결합하면 필연적으로 군사정권이 들어서거나 국가의 문화적·경제적 자산이 파괴될 것이라고 믿었기 때문이다. 프로이센의 프리드리히 대왕에게 보낸 편지에서 볼테르는 민주정을 "악당들의 통치"라고 불렀다. 또다른 문필가는 인민은 무지하기 때문에 그들이 실질적인 권력을 갖는 정부형태는 "최악인 동시에 가장 약한" 것이라고 평했다. 계몽사상의 시대, 철학자들과 개혁가들은 민주정이 "혼돈과 무질서"로 점철될 수밖에 없다고 생각했고, 어떤 정부형태가 민주정으로 바뀌는 것을 "타락"의 과정으로 묘사했다.[1] 다음 인용문은 당시에 흔했던 관점을 잘 보여준다.

> 민주정에 자유가 존재한다는 생각은 틀렸다. 민주정은 단지 1명이 아니라 1,000명이 폭정을 휘두르는 것이기 때문이다.[2]

그렇다면 민주주의와 군사정권의 이러한 위협으로부터 상업사회를 지켜내기 위한 제도적 장치로는 어떤 것이 있는가? 각국이 흥망성쇠를 반복하는 **역사의 순환**을 벗어나 안정적인 정부를 운영하고 유럽이 하나의 문명으로서 살아남기 위해 취할 수 있는 방안으로는 무엇이 있는가? 18세기 유럽의 문제들을 진단하고 해결책을 모색하던 개혁가들에게는 이런 질문들이 중요했다.

| '대의제'라는 아이디어

몽테스키외는 『법의 정신』$^{De\ l'Esprit\ des\ loix}$에서 강력한 귀족 집단의 지도와 견제를 받는 군주정을 지지했다. 볼테르는 계몽된 (혹은 당시 용어로 **철학적**) 정책을 펼칠 의지와 능력을 지닌 강력한 군주의 통치를 원했기에 프로이센의 프리드리히 2세나 러시아의 예카테리나 2세에게 큰 기대를 품었다. 드롤므는 의회가 입법권을, 군주가 행정권을 쥐는 형태의 강력한 군주정을 지지했다. 그것은 의회의 허락 없이는 왕이 세금을 걷을 수 없고, 왕위는 세습되기 때문에 어떤 경우에도 왕가의 혈통 바깥에 있는 사람이 물려받을 수 없는 군주정이다. 이 경우 왕은 의회가 반대하면 국가를 방어하고 국정을 운영할 자금을 구할 수 없으므로 **전제적 통치**를 펼치기 어렵다. 한편 왕위가 혈통으로 세습되기 때문에 아무리 뛰어난 민중선동가나 장군이라 하더라도 국가의 최고직을 노릴 수 없다. 따라서 **찬탈을 향한 야심**을 효과적으로 통제할 수 있다. 즉 전제정치, 중우정치, 군사정권을 모두 방지할 수 있다. 오늘날 우리가 보기에는 순진한 생각으로 느껴질 수 있지만, 왕위와 혈통의 상징적 권위가 강력하던 시대에는 충분히 합리적인 논변이었다.

스미스, 흄$^{David\ Hume}$, 퍼거슨$^{Adam\ Ferguson}$을 비롯한 수많은 스코틀랜드 계몽사상가들의 대부와도 같은 역할을 했던 케임스 경$^{Henry\ Home,\ Lord}$ ^{Kames}은 비록 독창적인 이론을 제시하지도 못했고 빼어난 사상가도 아니었으나 자신의 평범함 덕분에 오히려 동시대의 통념을 잘 정리한 글을 여러편 썼다. 그는 별다른 고민 없이 민주정이 "전제정을 제외하면 단연코 최악의 정부형태"라고 확신했다. 민주정은 "폭도들이 다스리는" 정부형태였고, 그것과 대비되는 더 나은 통치 형태는 "우수한 사람들을 선출하여 다스리게 하는" 것, 즉 의회가 다스리는 것이었다. 이러한 케임스의 생각은 결코 그만의 것이 아니었다. 당시 아일랜드의 한 언론인은 "미국에는 폭도가 없으므로" 그나마 민주정을 논할 수 있는 반면, 유럽에는 그와 달리 폭도가 많기 때문에 민주정이 수립되면 그들이 권력을 쥐고 자유를 말살할 것이라고 선언했다. 게다가 "미국 민주정"도 곧 몰락의 길을 걷고야 말리라고 내다보았다.

또한 독립전쟁에 승리하고 한창 연방헌법을 작성하던 미국에서는, 인민의 대변자를 자처하는 사람들이야말로 위험한 야심을 품고 있기 십상이며 역사에서 언제나 그들이야말로 공화국을 찬탈하고 폭군이 되었으므로 민주적 열망을 억제할 필요가 있다는 견해가 이른바 건국의 아버지들을 움직였다. 여론의 다수파는 미국에 **민주정**이 수립되면 민중이 신뢰하는 소수의 선동가가 득세해서 평화, 안전, 재산권을 파괴하고 신생 국가의 멸망을 초래할 것이라고 염려했다. 결국 미국 헌법은 선출된 엘리트, 즉 대표들에게 강력한 권한을 주고 중앙정부를 강화하는 **공화정**을 수립하는 방향으로 제정되었다. 이런 관점이야말로 압도적인 다수 문필가의 목소리를 대변하는 것이었으며, 근대 서양의 민주주의관을 대표한다고 해도 전혀 과언이 아니다.

민주정의 대안으로 제시된 의회의 구성원은 투표로 선출된다. 바로 이 투표를 통해 인민은 정치의 핵심에서 한 걸음 더 먼 곳에 놓이게 된다. 이것을 **대의정부** representative government 라 불렀다. 대의정부는 **민중정부** popular government 가 출현하는 것을 막기 위해 도입된다. 18세기의 헌정론에서 투표는 '주권자인 인민'을 정치로 끌어들이기 위해서가 아니라 '폭도·해적·강도인 인민'의 정치 참여를 방지하기 위해 고안·활용되는 기제였다. 지금까지의 이야기를 도식으로 요약해보면 아래와 같다.

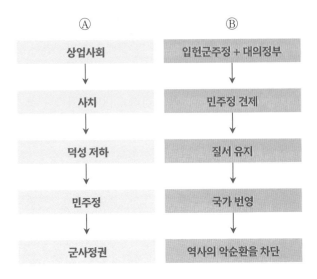

Ⓐ

상업사회
↓
사치
↓
덕성 저하
↓
민주정
↓
군사정권

Ⓑ

입헌군주정 + 대의정부
↓
민주정 견제
↓
질서 유지
↓
국가 번영
↓
역사의 악순환을 차단

　Ⓐ와 Ⓑ는 1789년에 프랑스에서 혁명이 발발한 뒤에도 계속해서 압
도적 주류를 형성했던 사고방식이었다. 대혁명이라고도 불리는 이 사
건은 10년 뒤인 1799년에 나폴레옹 보나파르트Napoléon Bonaparte 장군이
쿠데타를 일으켜 군사독재정권을 수립할 때까지 지속되었으며, 오늘
날 근대정치의 요람으로 평가받는다. 이 시기에 우파와 좌파라는 개
념, 언론을 통한 의회정치, 서로 연결된 풀뿌리 정치협회들의 조직망,
민중의 지지에 의존하는 의회 급진파의 정치, 혁명재판소, 국민개병제
와 총력전, 전국 단위로 통일된 조세·교육·언어 정책을 비롯해 많은
것이 탄생했다. 특히 1789~1791년의 제헌의회부터 여러차례 헌법이
개정되고 정부와 의회가 교체되었는데, 그 과정이 매번 투표(재산에

따른 제한선거 또는 남성보통선거)에 의해 결정되었다. 그래서 프랑스혁명은 종종 근대 민주주의의 훈련장에 비유된다. 이 설명이 틀렸다고 말하는 것은 무리다. 그렇지만 혁명가들이 계몽의 시대에 태어나서 교육받은 사람들이었다는 점을 기억하자. 그들 중 대부분은, 정말이지 극소수를 제외한 대부분은 Ⓐ와 Ⓑ의 사고방식을 체화한 상태였다. 혁명가들은 프랑스에 민주정을 수립하려는 의도를 갖고 혁명을 일으키거나 지도한 것이 아니었다.

┃ 무질서와 군사정권을 막기 위해

1789년부터 프랑스의 혁명가들은 로마사의 카이사르와 영국사의 크롬웰Oliver Cromwell 같은 인물이 다시 등장해서 자신들이 세운 입헌군주정(1789~1791)과 공화정(1792~1804)을 탈취하고 군사정권을 수립하게 될 것을 걱정했다. 이 걱정은 혁명기 내내 지속되었다. 그러나 가장 중요한 사례로 들 수 있는 시기는 흔히 **공포정치**라고 불리는 1793~1794년이다. 당시 프랑스는 공화정을 수립한 뒤 1년이 조금 지난 상태였는데, 전 유럽의 군주국들을 상대로 전쟁을 수행하고 있었으며, 임시전시정부인 **혁명정부**가 통치했다. (당시 **혁명적**이라는 형용사는 **임시적**이라는 의미로도 쓰였다.)

혁명정부의 실질적인 지도자들은 **공안위원회**를 구성하는 12인이었는데, 그들은 전쟁으로 인해 불가피하게 군인들의 입지가 강화되자 한편으로는 전쟁에서 이겨야 하고 다른 한편으로는 군사정권의 도래를 막아야 하는 상황을 맞이했다. 그들이 어릴 적부터 배운 역사의 교훈에 따르면, 공화국이 전쟁을 하는 동안 장군들을 엄정하게 통제하지 못하면 필연적으로 민중이 군인에게 권력을 줄 것이며 군사정권이 들어설 것이었다.

따라서 혁명가들은 전쟁을 수행하는 중임에도 불구하고 장군들을 엄격하게 통제하려고 시도했고, 급진파 정치인으로 유명한 생쥐스트Louis Antoine de Saint-Just는 "전쟁이 끝날 때까지 장군들에게는 공식적인 승전축하를 하지 말 것"을 건의하기까지 했다. 승전축하는 **국민공회**, 즉 당시 군주정이 무너진 뒤 공화국의 헌법을 만들기 위해 소집되었던 의회가 전선의 군인들에게 보내는 공식적인 선언문이었는데, 생쥐스트는 의회가 병사들과 부대 전체에 대해서만 승전축하를 보내되 장군들에게는 보내지 말아야 한다고 제안했던 것이다. 승전의 공이 개별 장군들에게 돌아가지 않게 함으로써 군사정권의 도래를 막아야 한다는 급박한 위기감을 느낄 수 있다. 애초에 전쟁을 시작하기 전, 개전에 반대하던 급진파 정치인 로베스피에르Maximilien Robespierre는 이렇게 연설했다.

> 전시에는 수동적 복종의 습관과 승전을 구가하는 지휘관들에 대한 자연스러운 열정으로 인해 조국의 군인들이 군주 또는 장군들의 군인들로 바뀐다. 내란과 당파 분쟁의 혼란을 틈타 군사 지도자들은 국가의 운명을 좌지우지하고 자신이 고른 파벌에게 유리한 상황을 만들기 위해 균형추를 조작한다. 만일 그들이 카이사르나 크롬웰 같은 자들이라면 스스로 권력을 움켜쥘 것이다. 만일 그들이 아무런 장점도 갖추지 못했으면서 약해지면 위험한 그런 나약한 성격의 궁정인이라면, 그들은 돌아와 제 주인의 발아래에 권력을 바치고, 자

신이 제일가는 가신이 된다는 조건으로 자의적 권력의 부활을 도울 것이다.

이어서 로베스피에르는 "로마에서는 인민이 호민관을 통해 자신의 권리를 주장하면 원로원이 전쟁을 선포했고, 그러면 인민은 권리를 까맣게 잊어버렸다"고 말했다. 또 그는 "카이사르와 폼페이우스가 스스로 군단을 이끌기 위해" 선전포고를 남발했으며 "그들이 무장시킨 군인들로 그들의 조국을 예속시켰다"고 단언했다. 이 연설은 로마사에서 유래한, 군사정권에 대한 근대인들의 두려움을 잘 보여준다. 전쟁이 시작된 뒤 또다른 공안위원인 비요바렌Jacques-Nicolas Billaud-Varenne이 행한 아래의 연설도 마찬가지다.

모름지기 자신의 자유를 소중하게 여기는 인민이라면, 요직을 차지하고 있는 인물들의 덕성조차 경계해야 한다. 맹목적인 신뢰는 우상화로 이어진다. 우상화는 그 대상이 되는 인물의 자만심을 자극하고 야심을 일깨운다. 야심은 나약하고 부패하기 쉬운 영혼들을 타락시킨다. 군사정권은 신정 다음으로 가장 끔찍한 정부형태다. 군사정권에서는 오로지 폭력과 죽음만이 다스린다. 우리는 오랜 세월의 경험으로부터, 호전적인 민족은 그들이 다른 민족들에게 채운 사슬을 결국 자신들에게도 스스로 채우게 된다는 사실을 배웠다. 정복을 향한 갈망은 영혼을 자만심, 야심, 탐욕, 불의, 흉포함에 노출시킨다. 이런 정념이 널리 퍼지면, 조만간 소수는 지배자가 되고 다수는 노예가 된다.

비요바렌은 "새로운 카이사르"가 나타날 가능성을 높게 점쳤고, 그와 같은 사태를 막기 위해 모든 노력을 기울여야 한다고 외쳤다. 이후 프랑스 군대는 많은 전승을 거두었지만, 국내 정치의 혼돈은 계속되었다. 숱한 내분 끝에 흔히 **테르미도르 반동**이라 불리는 1794년 7월 27일 사건으로 로베스피에르와 생쥐스트가 처형되고 혁명정부가 무너졌으며, 이어서 총재정부가 들어섰다. 열월熱月, 테르미도르 사건에서 승리하고 총재정부를 수립한 **보수공화파**의 눈으로 보면, 프랑스 공화국은 군사적으로나 정치적으로나 살아남았다. 그러나 이 생존은 간신히 얻어낸 것이었으며, 여전히 위태로웠다. 민중봉기의 기운이 살아 있고 전쟁이 끝나지 않는 한, 군사정권에 대한 염려는 결코 사라지지 않았다.

이런 염려를 잘 보여주는 것이 총재정부가 출범한 지 몇달 지나지 않은 1796년 2월, 중농주의자 모를레André Morellet가 한때 수상을 지냈던 친프랑스 영국 정치인 셸번William Petty, 2nd Earl of Shelburne에게 보낸 편지이다. 모렐레는 이 편지에서 "합리적인 사람들은 조만간 끔찍한 무질서 상태가 도래할 것이라 예측하고 있으며" 그러한 상태에서 "인민을 억누를 수 있는 유일한 방도는 전제적 군사정권뿐"일 텐데, 결국 그 군사정권은 "나름의 방식으로 프랑스를 파멸로 이끌 것"이라고 썼다.

또 혁명기에 프랑스에서 가장 존경받은 영국의 여성 역사가이자 급진적 공화주의자로 인정받은 캐서린 매콜리Catharine Macaulay의 글에서도 이런 생생한 염려를 읽을 수 있다. 매콜리는 장군들이 명령과 복종에 익숙한 군인의 습성에서 벗어나지 못하는데도 조국을 방위했다는 이유로 다른 공인들보다 더 큰 영광과 인기를 누린다고 비판했다. 그래서 장군들은 나라에 커다란 내분이 발생하면 자신들의 힘을 악용해서 문민정권을 무너뜨리고 공화정의 자유를 말살시킨다는 것이다.

이처럼 혁명의 시대에도 인민이 직접 권력을 쥐는 것은 다수의 폭정 또는 군사정권을 초래하기 쉬우므로 대단히 위험한 일이라는 역사관·세계관이 지배적이었다. 심지어 당시 가장 민주적인 입장에 섰다고 오늘날 평가받는 급진파 정치인들도 전적으로 그와 같은 역사관을 따랐다는 사실을 이제 확인했다. 정치적 스펙트럼을 조금 더 오른쪽으로 옮겨보면 이런 관점은 더욱 명백하게 **상식**으로 통했다. 네케르^{Jacques} Necker는 민주정을 두고 정념이 모든 것을 지배하는 상태이며 **다수의 폭정**을 수립하는 지름길이라고 말했다. 칸트^{Immanuel Kant}는 오로지 **대의정부**만이 **법치국가**의 토대가 될 수 있으며 모든 **민주정**은 필연적으로 **전제정**이라고 주장했다.

| 혁명가들이 고안한 대의정부의 형태

그렇다면 이처럼 민주정을 절대적으로 거부하는 상태에서 혁명가들은 자신들이 새로이 쟁취한 합리적 사법·행정 제도를 보존하기 위해서 어떤 정부형태를 설계했을까? 그들은 다양한 형태의 **대의정부**를 놓고 고민했다. 그 과정에서 여러 종류의 정치적 설계도가 탄생했다. 그 도면들을 두 종류로, ① 군주정과 ② 공화정으로 나눠서 살펴보자.

대의정부의 한 형태로 군주정을 지지한 혁명가들은 초창기인 1789년부터 압도적인 다수파를 점했다. 그 시기를 주도한 정치인 바르나브^{Antoine Barnave}는 공화정을 호전적이고 귀족적인 정부형태로 간주하는 동시에 군주정이 문명화된 상업사회에 가장 적합한 정부형태라고 주장했는데, 이것은 1792년 제1공화정 수립 이전 프랑스의 정치인 대다수가 품었던 생각과 일치했다. 그들은 절대군주정과 민주정을 모두 거부했다. 대신 그들은 여러 종류의 권력기구가 서로를 견제할 복잡한 장치들을 설계하는 데 집중했다. 그런 장치들의 설계도는 다양했지만, 그것들의 원형을 따올 모델로 가장 자주 언급되고 널리 인정받은 것은 바로 동시대 영국의 입헌군주정이었다. 프랑스의 **군주파** 혁명가들은 몽테스키외와 드롤므의 영향을 많이 받았다. 혁명가들은 영국을 모델로 삼고 상기 두 사상가의 이론을 조합해서, 상원과 하원으로 구성되어 예산에 대한 권한을 갖는 양원제 의회, 상당한 대권을 갖지만 예산에 대한 권한을 갖지 못하는 왕, 그리고 국회의원을 뽑는 투표권자로 구성된 대의정부를 꿈꿨다.

군주파 혁명가로 잘 알려진 무니에Jean-Joseph Mounier는 루소를 인용하면서 고대인들은 몰랐던, 중세에 발명된 **대의제**를 활용하자고 주장했고, 양원제 의회를 갖춘 입헌군주제가 필요하다고 강조했다. 그는 "왕의 적법한 권력"과 "인민의 자유"가 공존할 수 있으며, 오히려 그러한 공존을 통해서만 "다수의 폭정"인 민주정의 폐해를 막을 수 있다고 주장했다. 인구가 많은 나라에서는 사람들이 서로를 잘 알 수 없고 합리적인 토론도 불가능하므로 국가가 정상적으로 작동하기 위해서는 반드시 적법하면서 강력한 왕권이 필요하다는 것이었다. 또한 왕권의 남용을 견제하는 동시에 국가를 인민의 격정과 무지로부터 보호하기 위해서라도 의회가 필요하며, 의회를 투표권자의 간접적 통제를 받는 하원과 그들의 통제를 받지 않는 상원으로 나눠서 서로 견제하게 만들어야 한다는 것이었다. 한 걸음 더 나아가, 무니에는 국왕이 비록 세습

윌리엄 덴트(William Dent, 1729~1799) 「루이 16세의 살해」(Hell Broke Loose, or, The Murder of Louis), 1793, 영국박물관(British Museum)
군주정의 몰락을 한탄하며 민주정의 도래를 지옥과 같다고 표현한 판화. 프랑스혁명의 구호인 "잘 될 거야"를 외치는 박쥐들이 지옥에서 풀려나오고, 단두대에서 처형될 운명인 루이 16세에게 천국의 빛이 비친다. 왕에게 내려진 천사의 은총과 왕을 "살해"하는 민중의 악마 같은 모습이 대조적이다.

되는 왕좌에 앉아 있다 하더라도 의회와의 관계에서 **인민의 대표** 역할을 할 수도 있다고 주장했다. 선출되지 않아도 대표로서 기능할 수 있다는 것이다. 이런 사고방식은 당시까지만 해도 낯설지 않은 것이었으나, 이 책의 2부에서 소개할 민주파의 정치사상에 의해 몇년 뒤 전격적으로 비판받는다.

대의정부의 또다른 형태로 공화정을 지지한 혁명가들은 혁명기 프랑스 국왕이었던 루이 16세가 나라를 버리고 도망치다 붙잡힌 1791년

6월부터 본격적으로 등장했으며, 실제로 공화국이 수립된 1792년 9월부터 다수파가 되었다. 그런데 그들은 프랑스처럼 큰 나라에 세워진 공화정이 대단히 불안정하고 위태롭다는 생각을 떨쳐낼 수 없었다. 그래서 인구가 많고 영토가 넓은 공화국을 안정적으로 유지할 방법을 모색하는 것이 그들의 주된 목표였다. 여기서 무엇보다도 중요한 것은 **대의제**였다. 이것은 단순히 투표만을 가리키지 않았다. 공화파 혁명가들은 국가의 모든 장치가 **대의제** 형태로 작동하게 만들어야 한다고 생각했다. 그들은 많은 인구의 다양한 성격들을 대의제라는 체에 거르면 그것들이 국가를 불안정하게 만드는 것을 막을 수 있으며, 오히려 국가는 그 힘의 역동적 평균값을 취할 수 있는 만큼 사회 전체가 하나의 통일된 움직임을 이뤄내면서 강력해질 수 있다고 믿었다.

이 **대의공화정**의 설계도에는 여러 측면이 있다. 정치적 측면은 국회의원을 뽑는 투표로 구성되고, 사법적·행정적 측면은 일관된 행정구역들로 구성된다. 이 구역들은 모두 동일한 법의 지배를 받으며, 중앙정부가 전국을 효율적으로 통제할 수 있어야 한다. 경제적 측면은 형식상 누진세도 역진세도 아닌 정률소득세로 구성된다. 그리고 사회적 측면은 전국적인 도로망, 우편통신망, 그리고 중앙과 지방의 언론사와 각종 정치협회로 구성된다.

이처럼 보수공화파를 비롯한 혁명기 공화주의자들은 프랑스에서 인민주권론을 안정적이고 합리적인 방식으로 실현하기 위한 방도를 고민한 결과 대의정부 설계도를 그려냈다. 그들은 인민이 통치와 입법에 직접 관여하는 민주주의를 철저하게 거부했고, "최고의 인사들만이 나라를 다스려야 한다"는 주장을 고수했다. 그들은 프랑스에 민주정이 들어선다면 국가가 안정될 수 없고 번영하지도 못하리라고 믿었고, "민주주의의 광신"을 경고했다. 그들은 "대의정부의 목적은 여론의 계발"이어야 하는데 "민중적인 정부는 여론을 망친다"고 확신했다.

프랑스 주변국 지식인들도 이런 관점을 널리 공유했으며, 같은 맥락에서 당시 공리주의자 벤담^{Jeremy Bentham}은 대의제가 언제든 민주적 요소들에 의해 손쉽게 "다수의 지배"로 "타락"할 수 있다는 견해를 피력했다. 이때 부정적인 의미에서 **다수**로 지목된 것은 바로 인민, 즉 무지몽매하기 때문에 파괴적인 정념에 지배당한다고 생각된 인민이었다. 이것은 연설과 글에서 자주 인민을 둘로 나누었던 보수공화파의 사고방식에서 극명하게 드러난다. 그들이 제시한 구도에서 "정직한 사람들"^{honnêtes gens}인 보수공화파와 유산자 편에는 근면하고 성실한 진정한 인민, 즉 무엇인가 잃을 것을 가진 인민이 있었고, 반대로 포퓰리스트 "자코뱅"^{Jacobins} 편에는 게으르고 나태하며 잃을 것이 없는데다 항상 부자의 재산을 탐내고 복지와 구호^{救護}를 바라기만 하는 인민이 있었다. 앞의 인민은 진정으로 사회의 복리에 기여하는 주권자인 데 반해, 뒤의 인민은 사회의 기생충에 불과하므로 정치적인 권리도 주지 말고 사회경제적인 배려도 제공하지 말아야 한다는 것이 보수공화파의 주장이었다.

민주정은 무정부상태나 마찬가지라는 생각에 덧붙여 국민 하나하나가 개별적으로는 주권자가 아니며 오로지 대의기구를 통해서만 주권자로서 목소리를 낼 수 있다는 생각이 자리잡았다. 혁명기의 또다른 유명한 **대의정부** 이론가인 시에예스^{Emmanuel Joseph Sieyès}는 국회의원을 뽑는 것 외에는 절대로 인민의 정치 참여를 허용해서는 안 된다고 단언했

제임스 길레이(James Gillray, 1756~1815) 「파리 풍의 가벼운 저녁식사, 또는 지친 하루를 보낸 상퀼로트 가족의 휴식」(Un petit Souper, à la Parisiènne, or A Family of Sans-Culottes refreshing, after the fatigues of the day), 1792, 영국박물관(British Museum)
프랑스혁명에 대한 비난과 풍자로 유명했던 영국 판화가 길레이의 작품. 혁명을 주도하던 상퀼로트 민중이 자유와 평등의 이름으로 프랑스 왕실과 귀족이 일궈놓은 문명을 야만적으로 파괴한다는 의미를 담았다.

다. 인민이 자신들의 의지를 행사하게 되면 프랑스는 그 즉시 바람직한 **대의정부**이기를 멈추고 위험천만한 **민주정**의 나락으로 떨어질 것이 분명하다는 주장이었다. 요컨대 민주정은 결국 모든 병사가 지휘관을 자처하는 아수라장이 될 수밖에 없다고 생각했다는 점에서, 민주주의에 대한 공화파의 입장은 군주파의 입장, 즉 계몽의 시대가 물려준 유산과 전혀 다를 바가 없었다.

그러나 혁명의 시대는 계몽의 시대와 달랐다. 혁명의 시대에는 지도자들의 생각이 어떠하든, 그것과 상관없이 민중의 의지와 행동이 상당한 정치적인 힘을 지녔다. 혁명가들의 의사와는 반대로, 당시 **민주정**이라고 불리게 된 민중의 거리 정치가 도래했다. 파리의 민중은 국회에 무장한 채 들어가 국회의원들의 목에 창을 겨누고서 주권자의 의지대로 법을 만들 것을 요구했으며, 국회의원들에게 **주권자가 왔으니 대표들은 입을 다물라**고 명령했다. 인민주권론은 인민에게 권력을 쥐여주기 위해 탄생한 이론이 아니었으나, 혁명의 순간이 오자 민중은 그 이론을 지식인들과는 다른 방식으로 전유하고 행동한 것이다. 이런 급변하는 상황 속에서 몇몇 급진파 정치인들은 치열한 고민 끝에 민주주의를 현실적으로 작동시킬 수 있는 체계로 만들기 위한 작업에 착수했다. 우리는 2부에서 그들을 만날 것이다.

제2부

민주주의를 다시 보다

혁명 이후

프랑스혁명과 민주정의 씨앗

1부에서 살펴본 것처럼, 프랑스혁명 이전까지 수백년 동안 거의 모든 사상가들은 인민의 정치 참여에 대한 불안을 공유했다. **로마사의 교훈**은 민주주의의 위험성을 경고하기 위해서 끊임없이 언급되었다. 이 관점에서 볼 때 인민은 언제나 무지하고 정념에 휘둘리며, 극심한 무질서를 초래하고 재산권의 보호와 법치라는 원칙을 파괴하며, 결국 명망 있는 장군들에게 국가권력을 넘겨주기 쉬우므로 그들에게 권력을 주어서는 안 된다. 권력은 위험한 것이며, 신중한 입헌적 과정을 통해 분할되고 제한되어야 하는 것이었다.

그리고 1789년, 프랑스혁명이 터졌다. 한편으로는 혁명 이후에도 민주주의에 대한 주류 정치세력의 입장은 바뀌지 않았다. 1799년에 보나파르트 장군이 군사 쿠데타를 일으켜 문민정권을 찬탈하기 전까지 10년 동안 혁명기를 풍미한 **대의정부** 이론들의 공통적인 골격은 **대의제**가 **민주주의**를 억제하고, 그로써 결국 폭정을 저지한다는 것이었다. 민주주의라는 단어는 자주 언급되지도 않았고, 언급되는 경우에도 저주·경멸·혐오의 대상으로 언급되었다. 대체로 민주주의는 국가가

"민주정으로 타락하는" 것을 막을 방도를 논의하는 과정에서 저지되어야 할 대상으로서 언급되었다.

그러나 다른 한편으로 혁명은 많은 것을 바꿔놓았다. 근대 초기 유럽의 자연법 이론은 인간이 너무나 완전하게 자유로운 나머지 자신의 자유를 통치자에게 양도해버리는 계약에도 서명할 수 있다고 주장했다. 그러나 1789년 앞뒤로 기존 사상의 큰 흐름과 엇갈리는 주장들이 난립하기 시작했다. 정치인들이 급변하는 정치적 상황에 맞추어 자신의 주장을 설득력 있게 제시하고 관철하기 위해, 수사적인 이유로 인민주권과 자연권 개념을 느슨한 방식으로 사용했기 때문이다.

프랑스인들은 혁명적 정치환경의 영향을 받아서 전통적인 자연법학자들과 공화주의자들의 사상을 새로운 방식으로 수용하고 변형했다. 혁명가들은 모든 사람이 태어날 때부터 자유롭고 평등하며, 이 자유와 평등의 본질적인 부분들은 설사 동의를 통해서라고 하더라도 거래할 수 없다고 주장했다. 심지어 어떤 면에서는 권리가 의무에 앞서는 것으로 이해되기 시작했다. 의무보다는 권리, 곧 **자연권**이 자연법의 가장 중요한 요소로 인식되는 상황이 도래했다.

정치사상의 차원에서 이 변화가 가져온 결과는 무엇이었을까? 사람들은 폭정에 순응하는 삶이 완전한 법률적 노예제만큼이나 나쁘다고 생각하게 되었다. 전제정치를 견뎌내는 것이 개인들이 각자 자신의 자유를 합법적으로 양도한 결과이므로 적법하고 정당하다는 주장은 이제 설 자리를 잃게 되었다.

이런 토대 위에서 프랑스혁명이 초래한 정치적·지적 변화, 그중에서도 특히 민중이 대대적으로 정치에 참여한 경험은 민주주의 개념이 혁명 이전에 비해 유토피아적인 색채를 상당한 정도로 벗어던질 수 있도록 만들었다. 혁명이 진행되는 과정에서 몇몇 정치인은 민주정이 더이상 고대에나 적합한 낡은 정부형태가 아니라고 말하기 시작했다. 그들은 민주정이 근대사회에서도 활용할 수 있는, 심지어 근대사회의 기저에 도사리고 있는 각종 위험으로부터 국가를 보호하는 데 적합한 정부형태라고 주장하기에 이르렀다. 1부에서 확인한 프랑스혁명 이전 시대의 문제의식을 유념한 상태에서, 2부에서 우리는 혁명이 일으킨 민주적 전환 속으로 들어가볼 것이다.

▎민주적 전환의 시작

이 전환에서 두드러진 역할을 한 인물은 콩도르세[^M.-J.-A.-N. de Caritat, marquis de Condorcet]였다. 그는 혁명 이전에 유럽의 천재 수학자로 명성을 얻었고, 계몽의 상징이라 불리는『백과전서』[^Encyclopédie]를 편찬한 수학자 달랑베르[^Jean Le Rond d'Alembert]의 소개로 살롱에 드나들기 시작했다. 콩도르세는 볼테르를 정신적 스승으로 삼았고 그와 많은 편지를 주고받았으며, 훗날『볼테르의 삶』[^Vie de Voltaire]이라는 책을 써서 계몽사상의 가치들을 천명하기도 했다. 콩도르세는 1784년에 나온 볼테르 전집의 편집자 역할도 맡았는데, 거기서 볼테르가 민주정은 "스위스의 작은 주나 제네바에서만 적합"하다고 쓴 부분에 각주를 달아서 다음과 같이 논평했다.

> 민주정이라는 단어를 시민들이 직접 총회에 모여 법을 만드는 아테네의 제도로 이해하지 않고, 모든 시민이 대표를 선출하여 그들이

전국을 대표하는 의회에서 유권자들의 의지의 보편적 표현을 대변하고 전달하도록 하는 제도로 이해한다면, 민주주의는 심지어 가장 큰 제국들에도 적합할 수 있다. 심지어 반드시 필요한 것임에도 불구하고 연방제 헌법으로는 확보할 수 없는 의견의 통일과 일관성을 낳을 수도 있다.

이 논평에 따르면, 대의제를 통해 대국에 민주정을 수립하는 것이 적절한 일일 수도 있으며, 그 경우 대의된 민주정은 연방제에서 확보할 수 없는 통일성을 확보함으로써 연방제보다 더 강하고 효율적인 나라를 건설할 수 있다. 지금까지 이 책을 읽은 독자라면 잘 알겠지만, 1784년에는 이런 식으로 대국에 민주정을 수립하는 것이 가능하다고 주장하는 것이 매우 이색적이고 파격적인 일이었다. 민주정이라는 단어를 이런 방식으로 사용하는 것은 루소를 비롯한 여러 18세기 사상가들의 기존 용법을 완전히 뒤집은 것이다.

그런데 역설적이게도 애초에 이런 주장이 가능하게 된 바탕에는 루소가 혁명의 시대에 물려준 **입법중심주의**légicentrisme라는 사고방식이 있었다. 주권과 정부를 엄격하게 분리하고 주권은 입법을, 정부는 행정을 담당하게 만드는 것이 루소의 공식이었다. 루소가 제시한 공식에서 주권자인 인민은 대의제를 통하지 않고 직접 총회에 모여 법을 만들어야 하고, 정부는 그 형태가 군주정이건 귀족정이건 민주정이건 법을 만들기보다는 행정적으로 법을 집행하고 국가를 운영하는 역할을 맡았다.

콩도르세의 공식은 이것을 뒤집은 것이었다. 여기서 민주정은 단지 정부형태를 가리키는 말이 아니다. 민주정은 이제 주권의 조직 원리, 즉 법을 제정하는 권력을 다루는 개념이 되었다. 그러나 이 경우에도 민주정은 여전히 군주정이나 귀족정과 대비되는 정부형태의 의미를 가졌으며, 나아가 인민의 직접 통치(민치정)라는 기존 의미를 완전히 벗어던지지도 않았다. 우리가 오늘날 민주주의라고 번역하는 démocratie의 뜻이 **민치정**에서 부분적으로 (그리고 부분적으로만) **민주정**(인민이 주권을 가진 정치체)으로 바뀐 것이다. 이제 주권자 인민은 **잠자는 주권자**가 되어서, 특별한 위기가 닥치지 않는 한 평소에는 대표들에게 입법과 행정을 포괄하는 국가의 사무를 일임할 수 있게 되었다.

이와 동시에 우리가 주목해야 할 사실은 1784년에 콩도르세가 만인에게 참정권을 줘야 한다고 생각하지는 않았다는 점이다. 그는 1789년이 되어서도 (다른 대부분의 혁명가들과 마찬가지로) 어느 정도의 재산을 가진 사람들에게만 투표권을 줘야 한다고 주장했다. 그는 "상당한 지식을 가진 사람들만" 결정권을 갖도록 정하는 것이 대부분의 사람들의 행복에 기여하리라고 믿었다.

일단 지금은 혁명 직전에 민치정이 민주정으로 이행하는 씨앗이 뿌려졌다는 사실을 기억하는 것으로 충분하다. 그렇다면 혁명이 시작되면서 또 무엇이 바뀌었는가?

▎1789년 삼부회

1789년, 국왕이 소집한 전국 신분회의인 삼부회에 대표로 선출되어 베르사유에 모여든 프랑스 전국 각지 법조인·문필가·정치인들의 사고방식은 급진적이지도 공화주의적이지도 않았다. 합리적인 세금 제도를 설계하는 것이 그들의 일차적인 목표였다. 더 멀리 나아가려 한 사람들의 경우에도, 일부는 기껏해야 프랑스의 군주정을 다소 입헌군주정에 가깝게 바꿔서 ('태양왕' 루이 14세 이후 시대와 비교하면 꽤나 왕권이 제한되었던) 봉건시대의 **고대헌정**으로 되돌아가려고 했다. 또다른 일부는 18세기에 등장한 정치경제학의 여러 교훈에 따른 개혁을 수행하여, 프랑스를 합리적인 법으로 통치되고 건전한 재정으로 지탱되는 부강한 상업국가로 만들고자 했다. 이들의 생각과 관점은 혁명 초기의 논의와 정책에서 확고한 주류를 점했다.

그럼에도 불구하고 혁명의 시작에서부터 적은 수의 급진주의자들이 존재했다. 그들은 주로 파리에서 일어나고 있었지만 많은 지방의 도시와 마을에서도 역시 전개되고 있던 혁명적 운동과 개혁이 더 전진할 필요가 있다고 생각했다. 이 급진주의자들은 당시 대부분의 다른 정치인들에 비해 인민이 승리를 거둔 장군들이나 선동적인 웅변가들에게 권력을 쥐여준 로마의 선례가 다시 현실이 될 위험을 훨씬 덜 우려했다. 오히려 그들이 주로 걱정했던 것은 엘리트 과두제가 쉽게 부패하는 경향이 있다는 점이었다. 그들은 돈도 없고 교육도 받지 못한 사람들이 권력에서 배제되어 끝없는 고통에 빠져 있는 현실을 개탄했다. 그래서 극소수 급진파 정치인들은 혁명 초기부터 빈민에게는 면세를, 부자에게는 누진세를 요구했다. 또 그들은 완전한 무상 공교육 제도를 도입하자고 제안했다. 그러나 그들의 주장은 별다른 메아리를 만들지 못했고, 사회적·정치적으로 기성 권력을 쥐고 있는 거대한 전통의 벽에 부딪혔다.

| 콩도르세의 구상

반대로 콩도르세는 자신의 발언을 통해 상당한 정치적 영향력을 행사할 수 있는 위치에 있었다. 그는 전 유럽에서 존경받는 수학자이자 해박한 계몽사상가였고, 전통적 세계관의 언어를 구사했다. 그는 전통적 세계관을 신봉하는 사람들을 설득하기 위해서 어떤 문제를 건드려야 하는지, 어떤 전략으로 논리를 구성해야 하는지 잘 알았다. 앞에서 언급한 극소수 급진파 정치인들과 달리 콩도르세는 스스로도 주류의 문제의식을 공유했기에 그 문제를 해결하는 데 많은 힘을 쏟았다. 그 결과, 그는 주류 정치세력의 관점에서 볼 때도 어느 정도 설득력을 갖는 이론을 구사할 수 있게 되었다.

콩도르세는 상업사회에서 사치로 인해 통치집단과 사회 전체가 타락하고 덕성이 쇠락하는 문제를 해결하기 위해 다른 계몽사상가들이 내놓았던 계몽전제군주정이나 입헌군주정을 해결책으로 받아들이지 않았다. 그는 자기 나름의 답을 모색하는 과정에서 미국과 영국의 사례에 관심을 가졌는데, 미국혁명에 대해서는 긍정적으로 평가한 반면 영국의 군주제와 양원제에 대해서는 부정적으로 평가했다.

콩도르세는 한번도 미국에 가보지 않았지만 그럼에도 불구하고 제퍼슨Thomas Jefferson처럼 파리에 머물던 미국인 친구들로부터 정보를 얻었다. 그의 주장에 따르면 미국은 인류가 더 나은 삶을 살 수 있다는 증거를 제공했다. 다시 말해 미국혁명은 인간이 모든 것을 보편적 원리에 따라 합리적으로 새로이 건설할 수 있다는 증거였다. 콩도르세는 미국이 유럽 국가들의 좋은 무역 상대가 될 것이며, 독립전쟁에서 승리함으로써 가까운 미래에 영국의 해상세력이 북아메리카와 남아메리카 전체를 장악하는 것을 막았다는 점에서 프랑스를 비롯한 유럽 대륙의 국가들에게 더없는 행운을 제공했다고 생각했다.

또한 콩도르세는 종교적 관용, 언론의 자유, 계몽사상이 평화와 안보를 파괴하기보다는 조성한다는 사실이 미국혁명이라는 사례를 통해 증명되었다고 주장했다. 이는 곧 영국식의 헌법 메커니즘이 불필요하다는 증거, 그리고 계급 구분이 없는 평등한 농경사회가 근대 세계에서 스스로를 지탱할 수 있다는 증거와도 같았다. 콩도르세에게 미국은 여러 조건을 갖추기만 한다면 근대사회에 세워진 공화국도 흥망성쇠의 역사적 악순환에서 탈출할 수 있다는 희망을 언뜻 제공하는 것처럼 보였다.

그런데 미국의 건국자들은 1787년에 제정한 헌법에 따라 왕이나 다름없는 막강한 권한을 가진 대통령과 영국식 양원제 의회로 구성된 연방제 국가를 창설했다. 콩도르세는 이러한 미국 헌법에 커다란 실망을 표하면서, 극심한 **역사적 불안**이 미국인들의 **이성**을 마비시켰다고 평가했다.

그는 영국의 의회제에 대해서도 그것이 사실상 유명무실하다고 비판했는데, 그 근거로 "법에 따라 나라 전체를 대표해야 할 하원이 현실에서는 그저 40~50명의 영향력 있는 구성원의 뜻에 따라 모든 결정을 내리는 귀족적 회의체에 불과하므로 전혀 국가를 대표하지 않는다"는 점을 들었다. 또 그는 국왕과 상원이 하원의 법률을 거부할 수 있는 권한을 갖기 때문에 하원이 기존 권력자들의 뜻에 맞서 "새로운 법을 통과시키거나 예전의 법을 파괴할 합법적인 방법이 없다"는 점을 들어,

영국이 자랑하는 명목상의 입헌군주제가 실제로는 폭정이자 전제정에 지나지 않는다고 주장했다.

이처럼 콩도르세는 영국 모델을 거부했고 미국 모델에 실망했다. 대신에 그는 **민주정**의 정신과 **대의공화정**의 제도를 결합시키는 방향으로 나아갔다. 무엇보다도 먼저 그는 무지몽매한 인민이 폭도처럼 행동하면서 국가를 쇠퇴 또는 멸망에 이르게 만들 것이라는 공포에 맞섰다. 그는 이른바 군중의 폭정이라 불리는 것이 사실은 그들 자신의 계획이나 의도에 따라서가 아니라 그 뒤에 숨어 있는 실질적 전제권력 또는 그 하수인들의 조작과 음모에 의해 발생한다고 주장했다. 그리고 그것을 방지할 방도를 내놓았다.

군중이 거리로 나올 가능성을 줄이는 방법은 2가지뿐이다. 첫째는 직업을 자유롭게 선택할 수 있게 해주고 근면한 노동의 성과를 자유롭게 누릴 수 있게 해주는 것이다. 이처럼 절대적 자유를 부여하면, 이것은 인구를 증가시키는 한편 군중의 규모를 감소시킬 것이다. 특히 특정 지역에서 특권을 보유한 동업조합들에서 노동자들의 연대를 약하게 만들 것이다. 그리고 가난한 사람들이 위로부터 부과된 법에 시달리느라 경찰에 대해 가졌던 반감을 감소시킬 것이다. 둘째는 모든 큰 마을을 소규모의 지역구로 나누어서 사람들이 질서 있게 모일 수 있도록 하는 것이고, 이 하위 구획들을 아주 작게 만드는 것이다. 계급이나 직업의 구별 없이 모이는 소규모 집회들은, 일반적으로 공공의 평화를 어지럽히는 자발적인 집회를 막을 수 있는 유일하게 정당하고 확실한 방법이다. 인민을 덜 무지몽매하게 만들기 위

피에르-자크 볼레르(Pierre-Jacques Volaire, 1729~1799) 「베수비오 화산 분화와 나폴리 만」(Éruption du Vésuve et la baie de Naples), 18세기 후반, 몬테카를로 코르시니 미술관
18세기 유럽에서 화산은 자연적 힘의 상징으로서 많이 활용되었는데, 특히 1789년 혁명 직후에는 ① 혁명의 거대한 비인간적 힘, ② 혁명가의 힘찬 연설, 그리고 그 연설의 설득과 감동이 초래하는 동원력, ③ 봉기한 인민의 거역할 수 없는 힘을 상징했다. 폭풍, 천둥, 번개도 마찬가지로 사용되었다.

해서는 언론이 자유로워야 하고 공교육이 번성해야 한다. (…) 무지, 가난, 형법의 가혹함, 특권계급의 오만함이 인민의 흉포함을 낳는다. 이 사실을 이해해야만 비로소 우리는 이 흉포함을 없앨 방법을 알게 될 것이다.

인민은 원래 흉포한 것이 아니라 흉포해질 만한 상황에 놓여 있는 것이고, 그들을 그 상황으로부터 끄집어내면 더이상 그들이 폭동을 일으킬까 두려워하지 않아도 된다는 것이다.

이처럼 콩도르세는 정부가 인민의 정치적 자유와 경제적 자유를 동시에 보장하면 빈곤과 무지가 완화될 수 있고, 이를 통해 인민의 잘못된 판단으로 인한 역사의 순환을 막을 수 있다고 주장했다. 나아가 그는 극단적인 전제정·폭정의 상황에서는 **인민의 봉기·반란**조차 자유를 회복시키는 데 도움이 될 수 있다고 주장했다. 인민이 봉기할 수 있다는 두려움으로 인해 통치자들이 어쩔 수 없이 자제력을 발휘해서 권력을 극단적으로 남용하지 않게 만들 수 있다는 논리다. 콩도르세는 이 논리에 입각해서 인민의 권리와 봉기의 가능성을 담은 각종 권리선언문들이 독재자의 출현을 미연에 방지하고 헌법의 자유를 지키는 정신적 보루의 역할을 할 것이라고 주장했다.

| 오직 시민의 권리를 보호하기 위하여

하지만 이런 주장을 내놓은 콩도르세 자신도 준동하는 민중의 폭력에 대한 공포를 완전히 극복하지는 못했다. 때는 여전히 1789년이었다. 그는 일정한 재산을 가진 사람에게만 투표권을 주는 것이 "사물의 본성을 따르는”것이라 주장하면서, 그 근거로 국가는 그들의 재산 위에 세워지고 국가의 운영은 재산소유자들의 동의를 통해서만 가능하기 때문이라고 말했다.

사실 여러 측면에서 콩도르세는 시대를 외로이 앞서간 급진주의자였다. 그는 사회가 오직 시민의 권리를 보호하기 위해서 성립되었다고 주장했고, 그런 한에서 “사회는 언제나 스스로를 통치할 수 있으며 그 자신으로부터 나오지 않은 어떤 권력도 거부할 수 있는 권리를 갖는다”고 생각했다. 그는 동시대 프랑스의 어느 누구보다도 여성의 권리, 흑인의 권리, 유대인의 권리를 보장해야 한다는 원칙에 충실했으며, 모든 인간이 동등하게 지각을 가진 존재이므로 성별·혈통·피부색에 상관없이 동등한 법률적·정치적 권리를 갖는 것이 당연하다고 강력하게 주장했다. 그런 콩도르세조차 파리의 민중이 여러차례 보여준 정치적 과단성을 두려워했던 것이다.

그는 인민의 정치적 준동으로부터 시급하게 혁명의 성과를 지켜내기 위한 몇가지 대책을 내놓았다. 먼저, 파리를 특별시로 취급하지 말고 더 큰 행정구역인 도의 일부분으로 취급해야 한다. 이로써 거대 수도로서 파리가 갖는 힘을 약화시킬 수 있다. 또한 직접선거보다 **간접선거**를 선호해야 한다. 간접선거에서는 **2차 선거회**에 모인 교육받고 유복한 소수가 최종결정권을 갖는다. 따라서 간접선거의 결과가 직접선거의 결과보다 **이성**에 가까울 것이고, 심지어 인민의 선거권 자체를 2차 선거회가 대표하게 됨으로써 대의제의 작동 기제를 더 다층적으로 활용할 수 있게 된다. 이것이 콩도르세의 입장이었고, 이와 비슷한 관점에 입각해서 당분간 헌법의 비준을 포함해 매우 복잡하고 중대한 사안은 국회의원들의 표결로 결정해야 하며 주권자인 인민에게 직접 비준을 맡겨서는 안 된다고 주장했다. 대다수의 시민들은 **아직** "헌법 초안을 판단할 만큼 충분히 계몽되지" 않았다고 보았기 때문이다.

이것은 얼핏 모순으로 보이지만, 현재와 미래를 엄격하게 구분하고 현재에서 미래로 넘어가기 위한 **이행기제**를 모색하는 콩도르세의 **시간 체제**를 이해하면 그 모순은 해소된다. 그는 계몽된 인민은 얼마든지 주권자로서 자신이 갖는 권리를 전적으로 행사할 수 있다고 생각했다. 단지 오랜 세월 억압받으면서 무지를 조장하는 환경에 놓여 있던 인민이 지금 즉시 모든 정치적 권리를 행사하면 오히려 그들 자신에게도 해가 될 수 있다고 본 것이다.

계몽이 실현된 미래로 가기 위한 이행기제의 핵심은 **교육**이었다. 콩도르세는 인민이 장기적으로 교육을 받아야 하며, 필요하다면 좀더 속성으로 교육받아 국가의 대사에 참여할 수도 있다고 생각했다. 이에 따라 그는 1789년 이후 수많은 교육 사업을 설계했는데, 그것들의 핵심은 폭넓은 시민 기반을 형성하기 위해 **초등교육**에서 읽기, 쓰기, 산수를 가르쳐야 한다는 주장과 학생들의 정신이 진정으로 자유롭게 성장할 수 있도록 정부가 **고등교육**의 내용에 간섭하지 말아야 한다는 주장으로 이루어져 있었다. 이처럼 그는 보편적인 초등교육과 차원을 높인 고등교육을 하나의 전망 속에 결합시켰다.

┃ 콩도르세 정리

교육과 참정권의 관계에 대한 콩도르세의 견해는 그의 **사회수학**에 근거를 두고 있었다. 그는 수학적 계산을 통해 다수결의 정당성을 증명하고자 했다. 그의 계산은 2가지 조건을 요구했다.

① 각 유권자는 당파의 결정이나 집단적 선호를 따르지 않고 자신의 개별적 판단에 따라 투표한다. (즉 집단적인 분위기나 이해관계에 휘둘리지 않고 철저하게 개인의 이성에 따라 판단하여 투표한다.)

② 어떤 명제가 참인지 거짓인지 각 유권자가 올바르게 판별할 확률, 제시된 선택지들 중 어떤 것이 더 상대적으로 우월한 대안인지 올바르게 판별할 확률이 50퍼센트보다 높아야 한다. (즉 개별 유권자가 어떤 문제의 시비·진위를 올바로 가릴 확률이 잘못 가릴 확률보다 조금이라도 더 높아야 한다.)

콩도르세는 이 조건들이 충족된다면 특정한 사안을 두고 투표하는 인원이 많아질수록 그 사안에 대해 다수결로 **올바른** 판단을 내릴 확률이 높아진다는 점을 수학적으로 증명했다. 이때 우리가 놓치지 말아야 할 중요한 사실이 있다. 여기서 그가 많은 인원이 참여하는 다수결을 통해 사회가 더 잘해낼 수 있다고 본 것은 바로 **옳고 그름의 판단**이었다는 점이다. 다시 말해 콩도르세는 **충돌하는 여러 이해관계의 조정**이나 그것을 위한 집단적 교섭에 관한 이론을 구상한 것이 아니다. 그러므로 **콩도르세 정리**라 불리는 이 증명은 상충하는 이익 간에 형평을 재는 것을 중요한 과제 중 하나로 삼는 현대 정당정치와는 괴리가 있다. 콩도르세는 협상의 정치가 아니라 판단과 진리의 정치를 위해 **사회수학**을 동원했고, 이런 이유 때문에 그가 인민주권과 자연권을 현실로 만들기 위해서 대중적인 교육을 그토록 중요하게 여긴 것이다.

바로 이 수학적 토대 때문에 민주주의는 비로소 중요한 정치적 개념으로 탈바꿈했다. 교육을 통해 대다수 시민의 독립적이고 **올바른** 판단력을 높이면, 인민이 정치적으로 **올바른** 판단을 내리는 민주정이 다수의 폭정이 아니라 안정적인 법치국가의 형태로 존재할 수 있으리라는 수학적 가능성이 열렸다. 이제 민주정을 고대의 낡은 정부형태라며 완전히 무시할 수만은 없게 되었다. **근대 민주주의**의 싹이 튼 것이다.

그러나 인민의 완전한 계몽이 이루어질 미래의 그날이 오기 전까지, 당장에는 "질서를 재정립하고 무정부상태에 종지부를 찍기 위해" **대의제**가 중요한 역할을 해야 했다. 콩도르세는 한편으로 인민이 격한 감정에 치우칠 가능성이 있는 자신들의 의지가 무조건 법의 원천이 되어야 한다는 "거짓된 견해"를 버리고, 결국 스스로 뽑은 "대표를 통해서만 행동할 수 있다는 사실을 배워야" 한다고 주장했다. 다른 한편으로 그는 인민에게 무조건 대표들을 신뢰하라고 강요하기 전에 대표들이 정당하게 인민의 신뢰를 얻기 위한 노력을 기울여야 한다고도 말했다.

이런 차원에서 콩도르세는 각종 제안을 내놓았다. 이를테면 그는 국가 재정의 공공성을 강조하기 위해 그것에 **국고**라는 명칭을 부여하고, 행정부가 재정을 좌지우지할 수 없도록 제한을 설정해야 한다고 주장했다. 또 그는 작은 마을에서 유력한 지주 1~2명이 사실상 자동으로 대표로 선출되는 것을 막기 위해서 작은 마을마다 별도의 선거구를 지정하지 말고 여러 마을을 합쳐서 더 큰 선거 단위를 만들자고 제안했다. 그는 프랑스라는 나라의 큰 규모가 특정 인물에 대한 숭배의 정념이 확산되고 증폭되는 속도를 더디게 만들어 국가적 영웅의 출현을 오히려 지연시키는 효과를 낼 수도 있다는 전망을 내비쳤다. 대국의 민주정이 군사정권으로 이어지지 않을 수도 있다는 것이다. 콩도르세는 정치 참여와 자유로운 언론 활동을 통해 계몽된 인민이라면 더이상 선동정치와 폭정에 희생되지 않을 수도 있다는 희망을 품었다.

▍대의제에 대한 생각들

여기까지는 공화국이 선포되기 전의 이야기이다. 1789년에 혁명이 일어나고 제헌의회가 1791년 헌법으로 입헌군주정을 수립했으나, 국왕 루이 16세가 적국에 투항하기 위해 도주하다가 붙잡힌 후 군주정은 모래성처럼 무너졌다. 그 결과 1792년 프랑스에 공화정이 수립되었는데, 공화국 헌법을 제정할 새로운 제헌의회인 국민공회는 기존 헌법의 규정을 무시하고 재산에 따른 제한이 부과되지 않은 선거권에 기초하여 선출되었다.

이 시기부터 민주적 요소를 가미한 대의제를 지지하는 목소리가 조금 더 커졌다. 한 예로 미국에서 혁명이 일어나는 사상적 원인을 제공한 사람들 중 하나인 토머스 페인Thomas Paine은 프랑스 공화정 수립이 가시화되자 『인간의 권리 제2부』Rights of Man, Part II에서 대의제가 아네테의 민주주의를 억제하는 것이 아니라 그것을 근대세계에서 실현하기 위한 도구라고 주장했다. 그는 미국혁명의 사례가 "민주주의에 접목된 대의제"를 도입하면 "세습제의 무지와 불안, 순수한 민주주의의 불편함을 단번에 제거할" 수 있다는 사실을 입증했다고 주장했다. 대의민주주의는 세습군주제와 직접민주주의의 폐단을 모두 극복하는 대안적 정부형태라는 것이다.

페인의 구상은 민주적 원칙을 기초로 한 대의제에 초점을 두었다. 그러나 페인의 이 글에서는 **민주주의 개념 그 자체**가 콩도르세의

1784년 주석에서처럼 **실현 가능한 대의정부**를 의미하는 것으로 바뀌지는 않았다. 오히려 우리는 페인의 글을 통해 민주주의 개념이 여전히 인민의 직접 통치라는 고대적 의미를 간직하고 있음을 확인할 수 있다. 즉 페인의 글에서 대의제는 "순수한 민주주의의 불편함"을 피하기 위해서 "민주주의와 접목"되어야 했다. 여기서 대의제와 접목되어야 하는 이 민주주의는 여전히 아테네의 제도를 의미했고, 오늘날 우리가 직접민주주의라고 부르는 제도에 가까웠다. 이는 심지어 공화국이 건국된 1792년에도 **민주정**이라는 단어가 단독으로 쓰이는 경우에는 여전히 대의제라는 의미를 배제하고 있었다는 사실을 생생하게 보여준다.

1793년, 국민공회 의원이 된 콩도르세는 2월에 헌법 초안을 제출했다. 헌법 초안을 발표하면서 의회에 제출한 보고서에서 그는 다음과 같이 선언했다. 첫째, 프랑스에서는 더이상 세습군주제를 보존할 필요가 없다. 둘째, 프랑스는 연방제 공화국이 될 필요가 없다. 셋째, 그러나 프랑스는 대국이므로 **대의제 헌법**을 필요로 한다. 넷째, 프랑스는 의회가 인민의 주권을 침해하지 못하도록 헌법에 **인민의 검열권**censure du peuple을 명시할 필요가 있다. 이 검열권은 프랑스 전역에서 상향식으로 행사되는 것으로서, 각 지역의 **1차 선거회**가 국회의 법률을 거부하고 재심의를 요구하며 최종적으로는 법률을 폐지할 수도 있는 권한을 갖게 된다.

콩도르세는 "1차 선거회에 모인 시민의 회합은 공공의 안정에 대한 위협이기보다는 자유와 평화를 조화시키는 수단으로 여겨져야" 한다고 강조했다. 여러차례 민중봉기를 겪은 혁명가들은 인민의 회합이 폭동으로 이어질 것을 염려해서 그런 회합 자체를 금지하거나 억제하려고 했다. 그에 맞서 콩도르세는 인민이 모인다고 해서 무조건 폭동이 일어날 것이라고 염려하지 말고, 오히려 그런 모임이 제도적으로 보장되고 평화롭게 이루어진다면 자유를 드높일 수 있으므로 자유와 평화의 조화를 추구하는 방편으로 간주하자고 말한 것이다.

사실 경제적 토대가 없는 정치적·헌정적 설계는 사상누각에 불과하다. 당시 금융, 재정, 상업에 대한 연구를 포괄하는 정치경제학에서도 두각을 드러내던 콩도르세는 자신의 정치적 구상이 모래성이 되지 않도록 하기 위해서 탄탄한 경제적 주춧돌을 필요로 한다는 점을 누구보다도 잘 알았다. 이런 맥락에서 그는 누진세 도입을 주장했다. 그 이유인즉슨 "부의 심각한 불평등"이 자유국가를 유지하는 데 방해가 된다는 것이었다. 그러나 과도한 세금 역시 재산을 보유한 계급의 경제활동 유인을 저하시켜 상업, 제조업, 농업의 성장을 막을 수 있다는 염려가 뒤따랐다. 따라서 콩도르세는 **온건한 누진세**를 시행하자고 제안했으며, 그러한 제도가 자유를 유명무실하지 않고 실질적인 것으로 만드는 데 반드시 필요한 수준의 경제적 평등을 유지시켜줄 것이라는 희망을 내비쳤다. 약간의 누진세와 어느 정도의 경제적 평등이 없다면 "심지어 권리의 평등도 완전하고 실제적일 수 없다"는 것이 그의 입장이었다. 부자가 돈으로 법을 넘어서는 경우를 그때나 지금이나 우리는 계속 목격한다. 유전무죄 무전유죄의 세계에서는 법적 권리의 평등이 허망한 말에 불과하다는 점을 콩도르세는 날카롭게 인식하고 있었다.

콩도르세는 평등을 향한 인류의 진보가 자동적이고 필연적이라는 낙관적 믿음을 가지고 있었다는 해석이 학계의 주류를 이루던 때가 있었다. 그러나 누진세 제안을 보면, 그가 평등을 향한 인류의 진보가 당연하고 자연스럽게 일어날 것이라고는 생각하지 않았다는 점을 확인할 수 있다. 오히려 그는 현존하는 극심한 불평등이 즉각적으로 공화국의 쇠퇴를 초래할 것이라고 염려했으며, 그렇기에 국가가 적극적인 정책으로 사회에 개입해서 극심한 불평등에 맞서야 한다고 주장한 것이다.

| 민주정 개념의 변화

그런데 1793년에 이 모든 것을 주장한 콩도르세는 관련된 연설문이나 책자에서 **민주정**이라는 단어를 사용하지 않았다. 1784년에도 민주정을 대국에 연계시켰던 그가 정작 공화국이 수립된 뒤 그것의 민주적 헌법이라 불리는 초안을 발표한 1793년에는 민주주의 개념을 사용하는 것을 피했던 것이다. 이로써 우리는 여전히 그 개념을 사용하는 것이 정치적으로 몹시 부담스러운 일이었다는 사실을 알 수 있다. 상상해보라. 지금 어느 정치인이 복지를 확대하자는 법안을 제출하면서 그것이 '공산주의 법안'이라고 홍보하겠는가? 실제로 뭔가를 이뤄내고자 하는 정치인에게 언어 전략은 대단히 중요한 것이다.

그러나 1794년이 되면 프랑스 혁명가들이 민주정 개념을 사용하는 방식에서 상당한 변화가 감지된다. 그 증거로 당시 민중에게 사랑받은 급진파 정치인이자 공안위원회의 지도자였던 로베스피에르가 국민공회에서 행한 연설을 들 수 있다. 그는 혁명의 목표가 "자유와 평등을 평화롭게 향유하는" 것이며, 이 목표에 도달하기 위해서는 "민주정부"가 "왕, 오만한 원로원, 카이사르, 크롬웰"보다 더 나은 방법, 나아

작가 미상 「로베스피에르의 통치」(Gouvernement de Robespierre), 1794, 카르나발레 박물관
(Musée Carnavalet)
민중의 지지를 얻어 급진적인 혁명정부를 이끌었던 로베스피에르를 풍자하며 비난하는 판화.
단두대에서 잘린 성직자, 귀족, 인민의 머리가 쌓여 있고, 결국 로베스피에르는 자신의 목을 자
른다는 내용을 담고 있다.

가 최고의 방법이라고 역설했다. 더 구체적으로는 인민이 직접 해도 잘할 수 있는 일은 직접 하되 대표를 통해 더 잘할 수 있는 일은 대표를 통해서 하는 정부, 즉 평상시에는 국회의 입법권을 인정하되 인민의 주권을 고도로 존중하는 형태의 **대의정부**를 민주정이라고 규정했다.

따라서 이 연설은 한편으로는 **대의제** 개념을 **민주정** 개념의 범위 내로 흡수하려는 시도였고, 다른 한편으로는 새로운 종류의 대의정부를 규정하는 과정에서 민주정이라는 단어의 의미를 변화시키려는 시도였다. 의미심장하게도 로베스피에르는 대의제가 없는 민주주의는 "한 번도 존재하지 않았으며" 아테네와 스파르타가 민주정이라는 이름으로 불렸지만 실제로는 일종의 대의정부를 가지고 있었다고 주장했다. 민주정이 곧 대의정부였다는 것이다.

살펴본 것처럼 민주정이라는 단어는 1789년에 프랑스혁명이 시작된 이래 5년 사이에 상당히 많은 변화를 겪었다. 루이 16세의 도주가 실패한 1791년 여름 이후 콩도르세, 페인, 로베스피에르 등은 왕이 없는 프랑스의 미래를 그려보았다. 그러한 고민의 과정에서 민주주의 개념은 기존의 철저한 오명을 약간, 그러나 아주 약간만 벗었다. 1794년에 이르면 민주주의 개념은 조금 더, 그러나 아주 조금만 더 긍정적이고 적극적인 의미를 획득했다. 그러나 이 변화는 흐릿한 추세일 뿐이다. 게다가 주된 추세도 아니었다. 또한 민주정 개념의 의미는 일관된 방향으로 변한 것이 아니라 복잡한 방식으로, 여러 방향으로 변했다. 같은 정치인이 때에 따라 민주정 개념을 다른 의미로 사용했다. 모든 것은 여전히 불분명하고 불안정했다. 콩도르세는 민주주의를 이론화할 수학적 토대를 놓았으나 여전히 민중을 두려워했다. 로베스피에르는 민중과 가까웠지만 민주주의에 관한 이론적 작업을 하지는 않았다.

이 시기에 나타난 민주정 개념의 변화는 1795년에 출범하는 **총재정부** 시기로 이어졌다. 이 전승의 주역은 탄압을 견디며 정부에 침투하고 사회적 활동을 이어간 **민주파** 인사들이었다. 민주파는 민중과 가까웠고 스스로를 자랑스럽게 민주주의자라 불러서 당대인들을 놀라게 만들었다. 동시에 그들은 인민을 신뢰하면서 인민의 자유를 보장하고 인민이 정치에 깊숙이 참여하는 정부형태를 구상했고, 그 정부가 강하고 번영하는 근대국가를 지탱할 수 있게 만들기 위해 고민했다. 이제 그들의 이야기로 넘어가보자.

08 "자유와 정의는 민주정에 있다"

민주파의 정치사상

생산량이 증가하고 교역이 활발한 근대 상업사회의 대국에 적용하기 위한 민주주의 이론이 비로소 처음으로 본격적으로 다듬어지고 정교하게 구성된 것은 프랑스혁명으로 수립된 제1공화정 중에서도 총재정부(1795~1799) 시기였다. 정작 전 세계 서점가에서 판매 중인 각종 '민주주의 역사' 도서들은 이 시기를 아예 무시하거나 거의 다루지 않고 건너뛰지만, 민주주의의 역사에서 이 시기가 갖는 무게는 아무리 강조해도 지나치지 않다. 우리는 이 장과 다음 장에서 바로 이 시기에 탄생한 민주주의 이론을 상세하게 살펴볼 것이다.

| 민주파의 탄생

민주주의 사상의 역사에서 본격적인 이론의 탄생과 정치적 구호로의 전환이라는 과업을 이뤄낸 주역은 총재정부기에 **민주파**라 불린 정파의 인사들이었다. 민주파는 총재정부를 지배하는 보수공화파에 맞서서 무시할 수 없는 비중을 갖는 좌파 야당의 입지에 섰으며, 프랑스 각 지방의 명사들, 수공업·상업·농업 종사자들, 그리고 군인들로 구성됐다. 그들은 당시 소유권 철폐를 부르짖으며 근대 최초로 공산주의 혁명을 꾀했던 바뵈프F.-N. Babeuf와는 전격적으로 노선을 달리하면서도, 새 정권을 이끄는 공화파의 엘리트주의에 저항했다. 그 저항의 선봉에 앙토넬Pierre-Antoine Antonelle, 르펠르티에Félix Le Peletier, 쇼사르P.-J.-B. Chaussard, 프랑세A. Français de Nantes, 브리오P.-J. Briot, 뒤플랑티에J.-P.-F. Duplantier 등이 있었다. 이들은 대개 혁명 전에 장교로 복무했던 귀족 출신이거나 법조인 경력을 쌓은 평민 출신이었다. 그들은 혁명 전반부에 서로 대립하는 정파에 속했던 과거를 버리고 민주공화국 수립이라는 기치 아래 뭉쳤으며, 세계 최초로 **대의민주주의**démocratie représentative라는 개념을 하나의 이론적 체계로서 내세우고 정교하게 다듬었으며, 스스로 그것을 정치세력의 깃발로 삼았다.

민주파가 활동한 총재정부기는 콩도르세와 지롱드파, 그리고 로베스피에르와 산악파가 모두 권력을 잃고 다수가 처형당한 뒤였다. 총재정부를 이끈 보수공화파는 직전 시기(1793~1794)의 통치를 무지한 다수 인민의 폭정이 만연했던 시기로 규정했으며 그것을 **공포정치**la Terreur라고 명명했다. 오래전 로마를 멸망시키고 중세를 지배한 게르만 전사들처럼 야만스럽고 "짐승처럼" 흉포한 파리의 민중이 국회의원들을 압박해서 루이 16세를 처형하고, 말을 듣지 않는 지방 도시들을 불태우고, 신생 공화국을 망국의 낭떠러지로 끌고 갔다는 것이다.

1794년 이후 짧게는 20년, 길게는 한 세기 동안 프랑스와 유럽의 정치는 바로 이 **공포정치**에 대한 **반동**으로 이해할 수 있다. 언제나 프랑스의 유력자들은 공포정치가 되살아나 반복될 것을 두려워했다. 철학자 알튀세르Louis Althusser의 표현을 빌리자면 혁명정부의 통치 이래로 "부르

주아지는 다시는 마음 편히 잠들지 못했다." 정치인들은 시대마다 공포정치의 재발을 막기 위한 통치 방침을 설정하고 따랐다. 실제로 당시 유럽인들은 대부분 공포정치가 **민주주의의 결과**라고 믿었다. 미국의 혁명가들을 포함한 서양의 지식인들은 자신들이 오래전부터 갖고 있던 민주주의에 대한 온갖 우려들이 프랑스의 공포정치에서 여실히 드러났다고 생각했다. 게다가 이런 평가는 그때부터 역사서술에 전격적으로 반영되었기 때문에 후대인들에게도 많은 영향을 미쳤다.

공포정치가 종식된 1794년, 그리고 혁명정부가 철폐되고 재산제한 선거권을 도입한 새로운 헌법에 입각하여 **총재정부**가 수립된 1795년에는 오죽했겠는가. 새로운 정권이 들어서면 조금이라도 더 유리한 출발 지점을 확보하기 위해서 직전 정권의 평판을 깎아내리게 마련인데, 직전 정권이 '공포정＝민주정'이었으니 더 말할 필요도 없을 것이다. 갖가지 비방문이 쏟아져나왔다.

특히 직전 정권의 수장이었던 로베스피에르에 대한 비방이 많았는데, 심지어 그가 한번에 9명씩 "효율적으로" 처형하는 기계를 발명하고, 희생자들의 피를 파리에서 바다로 흘려보낼 수로를 설계하여 대량 학살을 획책했다는 주장도 제기되었다. 그가 파리 민중의 인기를 이용해서 왕이 되려는 음모를 꾸몄던 사실이 드디어 밝혀졌다는 비방도 나돌았다. 총재정부의 요직을 차지한 인사들이 은밀하게 또는 공공연하게 이런 비방문의 출판을 후원했다. 또 이 시기에는 어떤 정치인이든 참정권을 가난한 인민에게까지 확대하자는 말을 꺼내면, 그 즉시 공포정치를 되살려내려 한다는 비난을 감수해야 했다. 빵값 폭등과 기근 등으로 인한 파리 민중의 시위는 언제나 공포정치의 전조로 간주되었기에, 엄혹한 탄압과 처벌이 뒤따랐다. 이런 상황에서 민주파는 대세를 거스르며 민주주의 이론을 내놓은 것이다.

민주파는 공포정치의 공과를 어떻게 평가했을까? 나아가 직전 정권인 혁명정부와 새 정권인 총재정부의 상대적 장단점에 대해 어떤 평가를 내렸을까? 많은 민주파 인사들은 1793~1794년에 로베스피에르와 친했기는커녕 그로 인해 체포되고 동료들을 잃었다. 일부는 감옥에서 사형을 기다리다 로베스피에르의 죽음 덕택에 풀려나오기도 했다. 그런데도 주류 공화파와 달리 민주파는 1795년 이후 혁명정부를 무조건적으로 비난하고 총재정부를 절대적으로 칭송하는 길을 가지 않았다. 민주파는 오히려 혁명정부와 공안위원회가 프랑스 인민에게 심각한 폭정을 저지른 것은 사실이지만 공화국이 막강한 군주국들의 동맹을 상대로 전쟁을 벌이느라 어쩔 수 없었다고 주장했다. 즉 "공안위원회의 독재가 끔찍했지만, 그들은 프랑스를 구했다"는 것이다.

이런 평가는 결코 공포정치를 승인하거나 그것의 재발을 허용하겠다는 뜻이 아니었다. 다만 민주파는 새 정부가 공포정치의 기억을 이용해서 혁명의 시계를 거꾸로 되돌리려 한다고 생각했기에, 그런 경향성을 바로잡고자 했던 것이다. 총재정부에 대한 민주파의 평가는 혹독했다. 그들은 총재정부가 "부패하고 타락하여 모든 원칙과 도덕성을 버렸다"고 비판하면서, 새 정부가 과거에 대한 복수에 전념하지 말고 혁명의 기본 목표에 충실해야 한다고 주장했다. 그 목표란 바로 "법치를 확립하고 자유를 활짝 꽃피우는" 것이었는데, 총재정부는 그 일을 해내기는커녕 "법을 웃음거리로 만들고" 있다는 것이었다.

| "정부는 정의로운 한에서만 강력하다"

매년 의회의 3분의 1을 투표로 교체하도록 1795년 헌법이 규정하고 있는 상황에서, 문민정부가 부패하면 선거에서 군인들의 인기가 치솟고 군인 출신 국회의원들이 많이 당선되어 결국에는 군사정권을 세울 가능성이 더 높아진다는 점에도 민주파의 문제의식은 가닿았다.

이 시기에는 프랑스 북서부에서 벌어진 왕당파와의 내전, 남부에서 벌어진 영국과의 전투, 그리고 독일·스위스·이탈리아 지역의 여러 전투에서 두각을 드러낸 장군들이 인기를 누렸다. 특히 오슈^{Lazare Hoche}, 주베르^{B. C. Joubert}, 주르당^{J.-B. Jourdan}, 그리고 선전술에 매우 능한 나폴레옹 보나파르트가 전국적으로 '공화국의 영웅' 반열에 올랐다. 로마사가 반복될지도 모른다는 두려움 속에서 정부가 각 부대에 파견한 문민판무관은 장군들에게 무시당하기 일쑤였다. 보나파르트는 자기 부대에 파견된 판무관에게 "나는 어차피 내가 원하는 대로 할 것"이라고 공공연하게 선언했다.

민주파의 이론적 지도자였던 앙토넬은 이런 상황을 잘 알고 있었으며, 프랑스에 "막강한 힘을 쥐고 아우구스투스 황제처럼 통치할" 권력자가 재림할 위험이 크고, 이를 막지 못하면 "국가의 내적·외적 안전이 위험에 처할" 것이라고 내다보았다. 이러한 상황인식에 기초해서 민주파가 내놓은 해결책은 무엇이었을까?

앞서 살펴본 것처럼 **대의정부** 이론을 지지한 주류 공화파 혁명가들은 국가의 안정과 번영을 위해서는 인민이 정치에 직접 참여하는 것을 막아야 한다고 생각했다. 반대로 민주파는 인민을 국가의 암세포처럼 여기는 사고방식을 버려야 한다고 주장했다. 그래야만 국가의 진정한 힘을 비축하고 키울 수 있다는 것이다. 이 논리를 이해하기 위해서는 국가와 인민의 상대적 관계에 대한 2가지 관점을 살펴봐야 한다.

① 한편에서 생각할 때, 국가는 인민의 권리를 보호하고 복리를 증진시키는 한에서만 정당하고, 정당한 한에서만 존재 가치가 있다. ② 다른 한편에서 생각할 때, 국가가 약해서 전쟁에서 지거나 법치를 보장하지 못하면 끔찍한 약탈, 폭력, 무질서가 도래할 수 있으므로 국가는 강해야 한다.

이 2가지 요구사항은 서로 충돌하는 것처럼 보일 수 있다. 실제로 홉스 이래 서구의 정치사상은 많은 경우에 내전과 무질서를 막기 위해 국가를 강하고 안정적인 상태로 유지하는 것이 최우선이라고 규정했다. 이것을 해치지 않는 한도 내에서만 인민의 권리와 복리를 추구할 수 있다고 믿었다.

민주파는 주류의 이런 사고방식에 맞서 국가의 부강·안정과 인민의 권리·복리가 서로 충돌하기보다는 보완하는 관계라고 주장했다. 자신의 권리가 지켜지지 않는 국가를 누가 지키려고 하겠는가? 누구든 자신에게 노예 같은 삶을 강요하는 정부를 안정적으로 유지하는 데 기여할 이유가 없지 않겠는가? 앙토넬은 바로 이런 맥락에서 "정부는 정의로운 한에서만 강력하다"라고 선언했다.

그렇다면 인민의 권리를 보장하는 국가를 만들 방법은 무엇인가? 민주파는 정치와 경제, 이 2가지를 민주적으로 구성해야 한다고 주장했다. 더 정확하게 표현하자면 민주파는 **민주공화국의 정치경제학**을 내놓았고, 그것에 **대의민주주의**라는 이름을 부여했다.

정치학과 경제학이 별도의 학문이 된 것은 불과 얼마 전의 일이다.

수백년 전 서양의 사고방식으로는 정치와 경제가 너무나 긴밀하게 영향을 주고받기 때문에 따로 떼어서 생각할 수 없었다. 또한 고대 그리스 이래로 **경제**^oikonomía는 한 집안의 관리를 뜻했기 때문에, 하나의 사회 또는 국가 단위의 경제는 **정치경제**^économie politique라고 불렸다. 이 단어는 경제, 국내정치, 국제정치를 모두 포괄하는 개념으로 사용되었다. 이 책에서는 독자의 이해를 돕기 위해 민주파가 제시한 정치경제학을 정치와 경제로 나누어 살펴보고자 한다. 이 장에서는 정치를, 이어지는 장에서는 경제를 살펴본 뒤 종합적인 그림을 그려보겠다.

▎대의민주주의 정치사상

민주파의 관점은 이러하다.

① 평등을 짓누르는 형태로 자유를 보장하면 사람들 사이에 극심한 사회적 불평등이 발생하고, 이것이 자꾸만 커진다. 그러면 부자일수록 더 좋은 환경에서 우수한 교육을 받고, 세대를 거듭할수록 사회적으로 성공할 가능성이 훨씬 높아진다. 가난할수록 교육을 받지 못하고 기회를 얻지 못하게 된다. 부자는 빈민을 사실상 지배하게 되고, 빈민은 부자의 종처럼 살게 된다. 그러므로 평등을 억압하는 방식으로 자유를 보장하는 것은 실질적으로 인민의 무지를 조장하고 긍지를 해친다. 오히려 반란과 봉기의 씨앗을 키우는 셈이다.

② 장기적인 번영과 평화를 확보하기 위해서는 **평등이라는 단단한 토대** 위에 **실질적인 자유**를 세워야 한다. 이 평등은 완전한 평등이 아니라 온건한 평등이다. 평등한 자들이 서로를 노예로 삼지 않고 누리는 자유는 진정한 자유, 튼튼한 자유라고 할 수 있다. 이런 자유는 인민에게

국가의 주인이자 사회의 구성원으로서 긍지를 갖게 하고 외세의 침략으로부터 나라를 지킬 강력한 유인을 제공한다.

③ 무지한 인민이 폭동을 일으킬 것이라는 공포가 여전히 지배적인데, 사실 지금까지 인민이 때때로 무지몽매하고 흉포한 모습을 보였던 이유는 군주정과 귀족정이 인민의 눈을 가리고 타락시켰기 때문이다. 인민이 자신의 권리를 자각하고 세상의 이치를 깨우치도록 유도할수 있다면, 다시 말해 **계몽**이라는 접착제로 대의제와 민주제를 결합할수 있다면 상업사회의 문화와 풍속이 사치에 물들지 않고 유약해지지 않을 것이다. 각성한 인민이 정직하고 근면한 문화적 규준에 따라 살아가고, 정치에 참여하면서 자신의 권리를 스스로 지킨다면 국가는 자유, 평등, 번영, 평화를 안정적으로 확보할 수 있다.

이와 같이 민주파의 관점을 요약할 수 있다. 그들은 이 체계를 **대의민주주의**라 불렀는데, 이것을 도식으로 표현해보면 아래와 같다.

대의민주주의

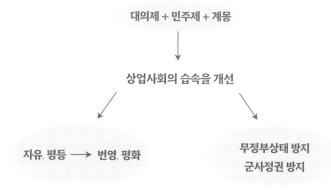

대의제 + 민주제 + 계몽

↓

상업사회의 습속을 개선

자유, 평등 → 번영, 평화　　　무정부상태 방지 군사정권 방지

작가 미상 「인간은 평등하다. 출생이 아니라 오직 덕성만이 차이를 만든다.」(Les Mortels sont égaux, ce n'est pas la naissance c'est la seule vertu qui fait la différence), 1794, 프랑스국립도서관(BnF)

프랑스혁명기의 급진적 평등사상을 표현하는 판화. '이성'을 상징하는 여신은 백인과 흑인의 키가 '평등'하다는 점을 보여주고, 흑인은 왼손에 1789년 『인간과 시민의 권리 선언』을, 오른손에 식민지 유색인에게 백인과 동등한 법적 권리를 부여한 1791년 5월 15일 법령을 들고 있다.

민주파는 인민에 대한 경멸과 혐오가 공화국 이전 시대 군주국가의 왕, 귀족, 사제들이 만들어낸 편견이라고 비판했고, 그 편견이 계속 사회를 지배하는 한 공화국의 자유는 위태로울 수밖에 없다고 주장했다. 옛날에 일어난 봉기와 폭력을 자꾸만 들먹이고 인민을 **비난**할 것이 아니라, 인민이 더 나은 미래를 위해 지금부터 **계몽**의 빛에 다가갈 수 있도록 이끌어야 한다는 것이다. 따라서 민주파는 인민에 대해 전향적

태도를 취한 뒤, 이른바 민주정의 "어리석음"과 "무질서"만 생각하지 말고 그것이 가져올 자유와 평등을, 그것이 만들어줄 강력하고 안정적인 국가를 그려보자고 제안했다. 콩도르세는 이런 태도를 취했다는 이유로 선각자로 대접받았고, 민주파는 그가 "민주주의 정신을 드높였다"고 추켜세우며 그의 죽음을 애도했다. 민주파의 지도적 인물인 앙토넬은 민주정을 비난하는 역사관에 대해 다음과 같이 반론을 제기했다.

> 민주정과 그것이 몰고 오는 폭풍에 대한 공포, 민중과 그들의 일탈에 대한 공포를 불러일으키기 위해서 고대부터 중세까지 존재했던 여러 민주정과 공화정의 역사가 원용되었다. (…) 그러나 역사에서 내각, 참사회, 위원회, 원로원이 저지른 잘못은 인민이 저지른 것보다 천배나 더 끔찍하다. 귀족정, 신정, 군주정의 연대기가 이것을 증명한다.

앙토넬은 지난 1400년 동안 폭정을 자행한 권력자들이 민주정에 대한 잘못된 비방을 조장했다고 주장했다. 그는 혁명의 성취를 보존할 방법이 바로 민주정을 건설하는 것이며, 이것이 가능하다고 역설했다.

우리는 이 과정에서 투표와 민주주의가 개념적으로 밀접하게 결합하는 장면을 목격한다. 앙토넬은 고대에는 대의제라는 장치가 없었지만 근대인은 대의제를 활용할 수 있으며, 프랑스의 인구가 아무리 많다 해도 "결국 인민이 선출한 700~800명으로 구성된 하나의 의회로 귀착되므로" 단 하나의 인민집단을 형성하는 것은 불가능하지 않다고 생각했다. 루소와 시에예스를 비롯한 많은 당대 사상가가 민주정은 인구가 많은 나라에서는 작동할 수 없으며 대의제와 결코 양립할 수 없다고 믿었던 것과 달리, 앙토넬은 콩도르세와 로베스피에르를 따라서 민주정과 대의제를 결합시켰다. 그는 "넓은 영토를 좁히는 교신과 소통" 위에서, 전국 단위의 대의제가 ① 민중의 회합에서 이루어지는 토론과 ② 의회에서 이루어지는 토론을 ③ 언론 지면에서 이루어지는 토론과 결합시켜 전 국민 단위의 의지를 규합시킬 것이라고 내다보았다.

이처럼 앙토넬은 대의제가 대국에 민주정을 세우기 위한 현실적 조건이자 제도로서 기능할 것이라고 기대했으며, 다음과 같이 민주주의의 기본 원칙을 천명했다.

> 민주주의 정신은 정치체제가 다음과 같은 방식으로 창설될 것을 요구한다. 공통이익에 따라 인민이 직접 해야 하는 일과 직접 잘 할 수 있는 일은 인민이 직접 한다. 그리고 나머지는 모두 임기가 정해져 있고 책임을 지며 인민의 이름으로 행동하고 인민에 의해 선출되고 감시받는 수탁자를 이용해서 명시적인 위임을 통해서 한다.

이같은 정치적 구상은 투표의 위상을 바꾸었다. 루소는 『사회계약론』에서 대표를 선출하는 투표가 주권의 상실, 권리의 양도, 권력의 찬탈이라고 설명했다. 그러나 약 30년 뒤 민주파의 대의민주주의 이론에서 투표는 적법하고 현명한 주권의 행사로 탈바꿈했다. 프랑스혁명 이전과는 달리 대의제는 더이상 민주주의를 억제하는 항생제가 아니라 민주주의를 실현하는 방편이 되었다. 그러나 그것은 단순히 기술적인 방편은 아니었으며, 오히려 유기적인 연결고리였다.

근대사회의 민주정과 대의제의 작동 방식에 대한 민주파의 이론에는 현대 민주주의의 온갖 은밀한 쟁점들이 숨어 있다. 좀더 자세하게 살펴보자.

| 누구를 투표로 선출하는가

혁명기 프랑스에서는 국회의원, 지방자치단체장, 치안판사, 그밖에도 중앙과 지방의 일부 고위 공무원과 하급 공무원을 투표로 뽑았다. 당시 선거는 간접선거였다. 총재정부기 선거법에 따르면 모든 **유권자**는 지역별 **1차 선거회**에 참가하여 **선거인단**을 구성할 **선거인**들을 선출한다. 이 선거인단은 조금 더 큰 지역단위의 **2차 선거회**를 구성하고, 그곳에서 국회의원을 비롯하여 중요한 각종 선출직을 투표로 임명한다. 1차 선거회의 유권자에 대한 재산 제한 규정은 느슨하지만, 선거인으로 뽑혀서 2차 선거회에 들어갈 자격을 갖기 위해서는 상당한 재산을 보유해야만 한다. 그러므로 최종적으로는 전국적으로 3만명 정도에 불과한 선거인단이 국회의원 등을 뽑는다. 이 제도는 애초에 재산을 가진 사람들만으로 통치집단을 구성하기 위해서 고안된 것이었다.

이에 맞서 민주파는 1차 선거회와 2차 선거회에 참여하는 데 요구되는 재산 제한을 모두 철폐하고 가난한 사람도 명망을 얻거나 능력을 인정받으면 얼마든지 선거인이 되고 여러 선출직에 뽑힐 수 있도록 허용해야 한다고 주장했다. 이 주장은 파리와 각 지방의 민중에게서는 큰 호응을 얻었지만, 주류 정치인들의 반응은 냉담했다. 그도 그럴 것이, 가난한 사람들에게까지 투표권을 주면 그들이 모든 재산을 몰수·재분배하는 법률을 만들 것이라는 공포가 아리스토텔레스가 살았던 고대 그리스부터 19세기 유럽에까지 횡행했던 것이다.

그러나 민주파는 남성보통선거권을 줄기차게 지지했으며, 그 근거로 첫째, 모든 시민은 주권자로서 투표권과 피선권을 갖는다는 점과 둘째, 빈부에 관계없이 누구나 투표에 참여하도록 허용해야만 그들이 공공의 일에 관심을 갖게 되고 정치적인 훈련을 거칠 수 있게 된다는 점을 들었다. 이로써 민주파는 1차 선거회는 인민의 정치적 훈련장이자 정당한 권리의 행사장이 되어야 하며 2차 선거회는 모든 인민이 재산과 무관하게 참여할 수 있는 주권자의 공간이어야 한다고 주장했다.

그런데 왜 **남성**보통선거권인가? 왜 **여성**은 배제되는가? 공화주의 세계관에서 덕성은 남성성과 밀접하게 결부되었다는 사실을 다시 상기하자. 공화주의자들은 여성이 태생적으로 이러한 덕성을 결여하므로 정치에 직접 개입하지 말아야 한다고 생각했다. 여성이 공적인 일에 관여하면 통치집단의 덕성이 떨어진다고 봤던 것이다. 이 세계관에서 여성은 가정에 속하며, 여성의 주된 책무는 가족에게 도덕적 모범을 보이고 자녀를 훌륭한 시민으로 키우는 것이다. 이런 이유 때문에 그토록 오랜 세월 동안 여성의 참정권은 진지한 논의의 대상이 되지 않았고, 이는 18세기 말 '혁명의 시대'에도 마찬가지였다.

이 사고방식에 맞서 참정권을 획득하려고 시도했던 당시 여성운동가들은 일차적으로 여성이 제대로 교육을 받으면 남성과 동등한 덕성을 갖출 수 있다고 주장했다. 나아가 유복하고 유식한 일부 여성은 가난하고 무식한 일부 남성보다 더 큰 덕성을 보유하므로, 다른 유복하고 유식한 일부 남성과 마찬가지로 참정권을 가져야 한다고 주장하는 수사적 전략을 사용하기도 했다.

그럼에도 공화주의적 덕성은 개념적으로 교육·지식에만 연결된 것이 아니라 군사적 용맹함과 애국심에 연결되었기에, 이런 사고방식의 잔재가 강하게 남아 있던 유럽에서 여성에게 투표권이 주어진 것은 대체로 그들이 전쟁을 비롯한 국가적 위기에 뚜렷하게 중대한 역할을 수행해낸 것으로 인정받은 뒤인 20세기가 되어서였다.

┃ 민주적 점진승급제

민주파는 당시의 제도를 넘어서는 새로운 선거 제도 또한 제안했다. 그것이 바로 **민주적 점진승급제**이다. 이것은 주류 공화파의 엘리트주의적 대의정부 이론들 중에서도 특히 시에예스의 **공화적 점진승급제**와 대비를 이루었다.

공화적 점진승급제에서는 각급 투표에서 자격을 갖춘 선거인이 바로 위 단계의 공직 후보자이자 선거인을 복수로 선출하면, 맨 꼭대기의 **대선거인**이 그들 중에서 각급 직책에 임명할 사람들을 선택한다. 10층짜리 건물의 1층에 손오공이 잔뜩 있다고 상상해보라. 여기서 2층에 올라갈 손오공을 고른다. 선택된 손오공들은 머리카락을 뽑아서 복제 손오공을 만들어 1층에 남겨두고 2층에 올라간다. 거기서 그들은 자기들끼리 모여서 3층에 올라갈 손오공을 고른다. 이때 1층에 남겨진 자들에게는 투표권과 피선권이 주어지지 않고, 오로지 2층에 올라온 자들 중에서 누가 3층에 올라갈지를 결정한다. 여기서 선택된 손오공들은 머리카락을 뽑아서 복제 손오공을 만들어서 2층에 남겨두고 3층에 올라간다. 이 과정을 계속 반복해서 10층에 올라갈 극소수의 손오공들이 정해지게 된다. 최종적으로 10층에 올라갈 자들을 가리는 투표에서, 이미 9층까지 올라온 소수의 손오공들만이 결정권을 쥔다. 옥상에서 이 절차를 모두 지켜보던 대선거인은 10층에 올라온 손오공들 중에서 국회의원을 뽑고, 9층에 있는 원조 손오공들과 복제 손오공들 중에서 행정 각부 장관을 뽑는다. 이어서 8층에 남은 손오공들 중에서는 행정 각부 차관을 뽑고, 7층에서는 광역자치단체장을 뽑고…… 이런 식으로 계속 내려와 2층의 손오공들 중에서는 지방의 하급 공무원을 뽑는다.

이 선거 제도에서 각 층에 올라갈 수 있는 사람은 그 바로 아래층에서 올라온 사람들뿐이다. 그리고 위층으로 올라갈 사람은 아래층에서 고른다. 그러나 각 층에 올라간 사람들이 어떤 직책에 자동적으로 임명되는 것은 아니며, 선택과 임명은 최상위 대선거인 1명이 도맡아서 한다. 이것이 1799년 11월, 보나파르트의 쿠데타를 기획하고 성공시킨 시에예스가 보나파르트를 대선거인으로 삼아 실현하려고 했던 선거 제도이다.

이에 맞서 쇼사르를 중심으로 민주파가 내놓은 선거 제도인 **민주적 점진승급제**의 핵심은 1차 선거회의 투표인이 각급 선출직의 선택과 임명을 도맡아서 하되, 직전 등급 근무 경력이 있는 사람들만 상위 등급에 임명될 수 있도록 제한하는 것이다. 지금 9급 공무원을 대부분 선거로 뽑는다고 한번 상상해보라. 그런 다음에 8급, 7급, 6급…… 1급 공무원까지 모두 선거로 뽑는 것이다. 그런데 8급 공무원에 선출되기 위해서는 반드시 9급 공무원으로 근무한 경험이 있어야 한다. 마찬가지로 7급 공무원에 선출되기 위해서는 반드시 8급 공무원 근무 경력이 있어야 하고, 이런 식으로 계속 사다리가 올라간다. 차관직을 경험하지 않고서는 장관으로 임명될 수 없다. 시장직을 경험하지 않고서는 도지사로 임명될 수 없다. 그리고 시장도, 도지사도, 차관도, 장관도 상급자나 대선거인이 임명하는 것이 아니라 모두 아래로부터 인민의 선거로 뽑는다. 이런 방식으로 작동하는 선거 제도가 바로 민주적 점진승급제이다.

민주파는 어떤 효과를 기대하고 이 제도를 고안했을까? 그들은 민주적 점진승급제를 시행하면 가장 낮은 행정직을 뽑는 선거, 다시 말해 각 지역의 유권자들이 빈부에 상관없이 모여서 실시하는 투표가 예전보다 더 중요한 것으로 인식되리라고 기대했다. 말단 공직을 거치지 않고서는 고위 공직으로 올라갈 수 없으므로, 말단 공직의 임명권을 갖는 민중 선거의 가치가 격상된다는 것이다. 이제 사람들은 지방정부의 말단 행정직을 영원한 하급직으로 인식하지 않고, 오히려 상급직으로 올라가는 계단으로 간주한다. 따라서 그 직책을 수행하는 사람은 신바람이 나서 더 성실하게 일할 것이고, 그 결과 지방정부의 행정에, 나아가 중앙정부의 행정에 "덕성이 깃들 것이다."

게다가 이 제도에서는 유권자가 하급직에서 일해본 사람 중에서만 상급직에서 일할 사람을 고르기 때문에, 그들의 경험이 층층이 누적되어서 국가가 더욱 안정적으로 운영된다는 장점도 있다. 민주파는 이런 선거 제도를 도입함으로써 인민의 주권을 온전히 존중하면서 공직자의 덕성과 행정의 안정성을 모두 확보할 수 있다고 생각했다.

| 공개성의 원칙

이러한 절차적 고민에 더해, 민주파는 대표의 수가 적어서는 안 된다고 주장했다. 그들은 큰 의회, 공개된 의회를 요구했다. 서양 고대사의 진정한 교훈은 "자유의 유일한 보증은 그 수탁자의 수가 많다는 데에 있다"는 것이었으며, 중국 황제의 통치가 보여준 교훈은 "폭군의 수가 적을수록 폭정은 지속되기 쉽다"는 것이었다.

> 작은 의회에서는 악이 협력자를 찾기 쉽고, 악은 자연스럽게 연합하게 된다. 의회의 규모가 클수록 인민의 자유를 침해하기보다는 보존하게 된다. 국회의원의 수가 적어도 600명을 넘어야 밀실정치를 막을 수 있다.

이처럼 인민주권의 수탁자가 소수인 것보다는 다수인 것이 담합과 밀실정치를 막고 공개성을 보존하는 데 유리하며, 앙토넬의 입장에서 공개성은 민주정의 원칙이다. 권력자들을 쉬지 않고 감시하는 공개성은 "불 밝혀진 경계심"이자 "자유인들의 진정한 방패"이며, 공개성이 없다면 권력은 시간이 지날수록 "거의 항상 부패로 귀결될 것"이라고 본 것이다. 이러한 공개성 원칙은 미국혁명과는 다른 프랑스혁명의 특징이었다. 미국의 경우 1787년 필라델피아 제헌회의가 비공개로 진행됐고, 상원은 1795년까지 기자 출입을 불허했다. 반대로 프랑스 입법부의 활동은 혁명 초기부터 일반 공중에 공개되어 있었으며 언론인과 시민이 자유로이 의회에 드나들었다.

이런 맥락에서 민주파는 공개성을 확고한 헌법적 원칙으로 삼아 그것이 침해당하지 않게 보장해야 한다고 주장했다. 그렇지 않으면 프랑스에 세워진 공화정이 언제든 군주정으로 되돌아갈 위험이 있다는 것이다. 비공개성은 군주정의 원칙이기 때문이다. 그런 이유로 앙토넬은 "왕은 오직 신민의 맹목적인 신뢰 속에서만 다스릴 수 있으므로, 군주제에서는 완전히 다른 원칙이 적용된다"라고 주장했다. 군주제에서는 오히려 "군주야말로 신민을 항상 불신하고" 더 신중한 자세를 취해야 하는 것이다. 그와 반대로 민주공화국에서는 **"인민이 권한을 위탁받은 자들을 계속해서 불신하고 경계해야 하는 반면, 수탁자들은 인민에 대해 무제한적인 믿음을 가져야 한다."** 수탁자들의 정당한 힘과 권리는 오직 인민으로부터만 유래하기 때문이다.

| 민주적 통제

민주적 점진승급제에 따라 투표로 선출된 국회의원과 고위 행정관이 공개성의 원칙을 지키면서 자신들의 판단에 따라 입법과 행정 업무를 수행하는 것, 이것은 민주파가 제시한 대의민주주의 이론의 **대의적 요소**에 해당한다. 그렇다면 민주파의 사상에서 투표 절차를 규정하는 **민주적 점진승급제** 외에, 투표 이후를 규정하는 **민주적 요소**는 무엇이었을까?

'대의민주주의'démocratie représentative에서 **대의**는 형용사, **민주주의**는 명사라는 점에 주목하자. 즉 민주파의 목표는 민주적 요소를 가미한 대의정부가 아니라, 대의제를 활용하는 민주정을 설계하는 것이었다. 일단 대표를 선출한 뒤에는 다음 선거일까지 그 대표들을 통제할 수 없는 제도, 이런 제도는 **인민이 직접 통치에 관여한다**는 의미의 민주정(즉

로즈 르누아르(Roze Lenoir, 생몰년 미상)「거대한 괴물에 대한 애국적 사냥」(Chasse patriotique à la grosse bête), 1789, 카르나발레 박물관(Musée Carnavalet)
머리가 100개 달린 히드라를 사냥하는 인민을 표현한 판화. 히드라는 귀족을 상징한다. 히드라가 인민의 "영웅적" 사냥을 피하기 위해서 "전제주의의 은신처"인 바스티유에 숨었으나 결국 무장한 인민에게 공격당해 외국으로 도망친다는 내용을 담고 있다.

민치정)의 정의에서 너무 멀어진다. 오늘날 우리는 투표와 민주주의를 자연스럽게 동일시하지만, 아직 19세기도 되기 전인 프랑스혁명의 시대에는 여전히 민주정은 투표의 반대말에 가까웠다는 점을 고려할 때, **대의민주주의**라는 명칭을 사용하는 정치이론의 주창자들이 선출된 대표에게 전권을 줬으리라고 기대해서는 안 된다.

이런 맥락에서 민주파는 인민이 주권자로서 대표들을 통제할 방법을 4가지로 구상했다. 이 방법들을 **민주적 통제**라고 부를 수 있을 텐데, 그것은 직접적인 통제 2가지와 간접적인 통제 2가지로 나뉜다.

첫 번째 직접 통제는 인민이 대표의 **행위**를 통제하는 것인데, 여기서 무엇보다도 중요한 것은 **입법통제**이다. 민주파는 법률이 인민의 정서와 심각하게 대립하거나 상식적인 원칙에 명백하게 어긋나면 그 법률은 주권의 표현이긴커녕 법이라는 명칭에 대한 모독이 되며 공공질서에도 위협이 된다고 믿었다. 그러므로 그런 경우에는 국회가 통과시킨 법을 다수의 1차 선거회가 거부하고, 재심의를 요구하고, 최종적으로 무효로 선언할 수 있도록 만들어야 한다고 주장했다.

이것이 이른바 법률에 대한 **인민의 검열권**^{censure du peuple}인데, 앞 장에서 살펴본 것처럼 콩도르세가 최초로 설계했던 것이다. 콩도르세를 따라 인민의 검열권을 도입하자고 주장했던 민주파에게는 이 검열권이 실제로 발동되는 절차를 적정하게 규정해서 민주성과 안정성이라는 두 마리 토끼를 모두 잡는 것이 관건이었다. 그러나 구체적인 규정에 앞서 민주파는 원칙의 차원에서 **인민의 검열권**이 민주적 주권 행사 즉 입법권 행사에 필수적인 것이며, 이것이 없다면 의회의 법은 민주적 절차를 거치지 않고 만들어지는 셈이라고 주장했다. 앙토넬의 말을 빌리면,

> 인민이 모든 법에 대해 자신의 진정한 인감을 찍어주는 경우에만 인민은 법률상^{de droit}으로뿐 아니라 사실상^{de fait}으로도 주권자이다. 인민이 임기를 갖는 대표에게 이 가장 중요한 역할을 위임해버린 뒤라할지라도, 인민이 자신의 이해관계를 해치거나 권리를 침해하는 모든 법률을 거부할 방법을 계속 보유하는 한에서는 인민이 여전히 법률상·사실상 주권자이다.

주권의 실체는 주권자를 대리해서 법률을 만들 사람을 선택하는 권리가 아니라, 법률 자체를 통제하는 권리라는 것이다. 즉 "주권의 본질적이고 근본적인 속성은 법을 통과시키는 것이다." 입법에 대한 인민의 직접적 개입은 **대의민주주의**의 뼈대라고도 할 수 있으며, 그 체제가 본질적으로 **민주정**일 수 있는 가장 중요한 이유이다. 앙토넬의 표현에 따르면, 이 권리를 박탈당한 인민은 "계엄령 아래 놓인" 것과 마찬가지이며 "비열하게도 인민 자신의 이름으로 다뤄지고 통치당하도록 저주받은 것"이다.

두 번째 직접 통제는 인민이 대표의 **직위**를 통제하는 것인데, 여기서 무엇보다도 중요한 제도는 **소환**이다. 부패하여 부정을 저지르거나 지속적으로 인민의 의지와 이익에 반하는 행동을 하는 선출직 관료와 정치인을 소환하여 질책하고 해임할 권리를 1차 선거회가 갖게 하자는 것이다. 민주파의 관점에서 인민의 위임은 언제나 **조건부 위임**이다. 무조건부 위임은 양도에 해당하므로 인민주권의 원리에 위배된다는 논리다. 앙토넬은 다음과 같이 선언한다.

> 인민은 행정관직을 창설하고 그것의 속성과 한계를 설정한다. 인민은 공공당국들이 서로를 침범하지 못하게, 개인의 권리들을 침해하지 못하게, 압제를 휘두르지 못하게 감시하고 견제한다. 행정관을 감시하고 처벌하는 인민만이 자신의 권능을 유지한다.

이처럼 앙토넬은 대표를 통제하지 못하는 인민은 더이상 주권자가 아니게 되며, 곧바로 인민이 아닌 **신민**이 되고 **군중**이 된다고 말한다. 이것은 역사적으로 **중대한 전환점**이다. 민주파가 등장하기 전, 사람들은 인민이 주권을 갖는다는 관념이 군주정·귀족정을 포함한 온갖 정부형태와 정당하게 결합할 수 있다고 당연하다는 듯이 말해왔다. 즉 인민주권론은 주권론일 뿐 정부형태론이 아니었다. 그들의 사유에서 인민은 '잠들어 있는 주권자'였으며, 평상시 통치를 선출된 엘리트에게 모두 맡기고 오직 국가적 위기 상황에서만 거리로 나와 시위하는 다중이었다. 이제 민주파의 등장으로 이 모든 것이 바뀌었다. 민주정은 더이상 인민주권론과 결합 가능한 여러 정부형태 중 하나가 아니라, **"법률상으로나 사실상으로나"** 인민의 주권을 보장할 수 있는 유일한 정**부형태**로서 제시되었다. 고대 민주정의 역사와 근대 계몽사상이 18세기 말 혁명의 현실과 버무려져 현대 민주주의 이론의 핵심이 되는 초석이 놓인 것이다. 여기서 '민주'는 인민을 잠재우고자 했던 옛 인민주권론자들의 군주정 이론에 찬물을 끼얹었다. (인민의) 주권이 (민주정이라는) 정부형태와 불가분으로 엮이게 되었기 때문이다. 이제 민주파의 사상에서 인민주권론은 민주주의를 통해서만 실현될 수 있는 것으로 바뀌었으며, 이때 민주정은 잠자는 인민이 아니라 언제나 명철하게 '깨어 있는 주권자' 인민이 자신이 손수 뽑은 대리인을 날카롭게 감시하고 그 직위와 행위를 모두 통제하는 정부를 의미했다.

그런데 대의제의 민주성을 유지하기 위해서 소환 제도가 필요하다 할지라도, 실제로 이런 소환이 너무 자주 발생하면 사회적으로 많은 비용을 치러야 하고 국정을 안정적으로 운영하기도 힘들어진다. 그러므로 인민이 입법통제와 소환이라는 제도를 적절한 수준에서 올바르게 활용하기 위해서, 그리고 더 근본적으로는 그 제도들을 발동시키지 않아도 괜찮을 만큼 애초에 대표들이 인민의 뜻을 잘 헤아리게 유도하기 위해서 필요한 것이 간접적인 통제 수단이다.

이는 무엇보다도 **여론**의 형성과 표현에 관한 것인데, 혁명가들은 이를 교육받은 사람들의 **글**과 일반 민중의 **말**로 나누어 고찰했다. **첫 번째 간접 통제**는 **글**을 대표하는 **언론 및 출판의 자유**이다. **두 번째 간접 통제는 말**을 대표하는 곳, 즉 일반 민중이 모이는 **정치협회에서 회합하고 토론할 자유**이다.

1790년대 혁명가들에게 글과 말은 엄연히 다른 것이었고, 그들은 대개 여론의 원천으로서 식자들의 글은 인정하되 일반 대중의 말은 인정하지 않는 경향을 보였다. 그래서 언론의 자유를 보장하면서도 회합의 자유는 허용하지 않으려는 것이 총재정부 시기 주류 공화파의 태도였다. 그들은 쉽사리 격정에 휩쓸리는 민중의 모임이 잦아지면 혁명정부 시절의 자코뱅클럽이 부활하고 전국적으로 정치가 급진화되어 공포정치가 반복될 위험이 커진다고 우려했다.

이 우려에 맞서 민주파는 문해율이 낮은 인민이 공적 문제에 대해 직접 토의하고 충돌하고 논쟁하고 반론을 펼치면서 깨어날 수 있는 곳은 정치협회뿐이므로 정치협회를 통해 공공영역이 활성화되어야 한다고 주장했다. 따라서 언론의 완전한 자유와 더불어 민중의 모임을 절대적으로 자유롭게 허용해야 한다는 것이다.

앙토넬의 주장에 따르면 정치협회는 **인민이 서로를 교육**하는 계몽의 터전이다. 인민은 정치협회에서 "학생인 동시에 교사"며 "제자인 동시에 스승"이다. 정치협회에서 개개인의 다양한 의지들이 공공의 의지로 녹아들고 여론이 정교하게 다듬어진다. 그러므로 그러한 "공화주의적 집회들이 빈번하게 열리게 하는 것이야말로" 언론의 자유를 비롯한 각종 권리를 실질적으로 보장할 수 있는 유일한 방책이다. 정치협회와 같은 통로를 통해 직접적으로 구성된 인민의 의견을 듣지 않고서는 여론이 무엇인지, 일반의지가 가리키는 방향이 어느 쪽인지 알 수 없다. 따라서 정치협회는 법률의 방해를 받지 않고 쉽게 결성되고 운영될 수 있어야 한다는 것이다.

민주파는 이러한 정치협회의 계몽에 더해 **공교육 제도**를 확립해서 인민의 계몽과 실질적인 기회의 평등을 추구해야 한다고 주장했다. 그러나 혁명 이전까지만 해도 가톨릭 사제가 전적으로 담당하고 있던 프랑스의 교육 제도를 단번에 공교육 제도로 바꾸기에는 전쟁에 시달리는 공화국의 예산이 절대적으로 부족했다. 민주파는 다른 공화파 인사들과 마찬가지로 정부가 교사에게 제대로 된 봉급을 지급하는 공교육 제도를 확립하려면 당장에 감당할 수 있는 수준 이상의 비용이 필요할 것이라서 무리라고 진단했다. 그래서 학생에게서 교사 봉급에 충당할 수업료를 걷되, 가난한 시민의 자제는 학비를 면제해주자고 제안했다.

사실 이 시기에는 국가의 재정이 부실했고 전쟁에 직접적으로 관련되지 않은 항목에 쓸 예산이 부족했기 때문에 어떤 제도적 개혁도 쉽사리 시행하기 어려웠다. 혁명기에는 국회가 통과시킨 개혁 법안이 예산 부족으로 인해 행정 일선에서 무너지는 경우가 흔했다. 그런 상황에서도 민주파는 콩도르세의 진보관을 받아들이고, 다른 어떤 것보다도 민주정이야말로 평화와 번영 속에서 인민의 자유와 권리를 가장 잘 보장할 수 있는 정치체제라고 주장했다.

당시로서는 대단히 파격적이었던 이 주장은 꽤나 다듬어진 이론으로서 제시되었는데, 가장 중요한 내용은 **민치**라는 **원칙**을 민주정과 대의정부라는 정치적 **메커니즘**과 결합하는 구체적인 방법들이었다. 인민이 대표를 뽑는 방식, 선출된 대표의 직위를 통제하는 방식, 그리고 대표의 행위, 특히 그들이 만든 법률을 통제하는 방식이 그 핵심을 이루었다.

| 인민의 덕성

민주파가 내놓은 이 정치적 구상의 밑바탕에는 인민이 덕성을 갖추고 있다는 전제가 깔려 있다. 이는 고대부터 계몽의 시대에 이르기까지 유럽의 지식인들이 갖고 있던 전통적 관념, 즉 인민은 무지몽매하여 정념에 휘둘리는 반쯤 짐승 같은 존재라는 관념, 그리고 특별한 속성반 교육을 받을 시간과 재력이 없는 보통 사람들이 통치에 참여하는 데 필요한 덕성을 갖추기란 불가능하다는 관념에 정면으로 배치되는 것이었다.

프랑스혁명이 진행되던 시기 유럽의 지식인들은 너나 할 것 없이 프랑스가 국왕을 사형에 처하고 공화정을 수립한 뒤 결국 무지한 인민이 다스리는 민주정의 나락으로 떨어져서 망하고야 말 것이라고 예언했다. 18세기 역사관에서 볼 때 문민정부가 망하는 여러 방법들 중 하나가 바로 군사정권 수립이었으니, 혁명이 시작되고 10년이 지난 1799년에 결국 나폴레옹 보나파르트의 쿠데타가 성공하자 프랑스 바깥의 많은 지식인들은 자신들의 세계관과 역사관이 틀리지 않았다는 점이 증명되었다고 자축했다. 그들이 보기에, 인민이 덕성을 갖추었다고 전제하는 프랑스 민주파의 정치이론은 갯벌에 세운 건물처럼 위태로운 것이었다.

민주파가 어떻게 해서 인민이 덕성을 가졌다는 생각을 전제로 깔고 이론을 설계할 수 있었는지 이해하기 위해 우리는 민주파가 프랑스혁명이 낳은 자식들이라는 사실을 기억해야 한다. 계몽의 시대 유럽에서는 이전에 상상하기 어려웠던 사건들이 혁명 초기 파리의 민중봉기를 통해 일어났다. 혁명이 점차 급진적인 경로를 따라가게 되자, 1789년에 주류를 이루었던 계몽사상가들이 뒷전으로 밀려났고, 1792년부터 1794년 사이에 여러 자코뱅 정파들이 민중의 지지를 등에 업고 일거에 권력을 쥐게 되었다.

자코뱅이라는 이름으로 불린 집단에는 브리소^{J. P. Brissot}와 콩도르세로 대표되는 지롱드파, 그리고 로베스피에르와 당통^{G. Danton}으로 대표되는 산악파, 그밖에 더욱 급진적인 정책을 주창한 몇몇 분파들이 있었다. 특히 산악파 인사들은 인민이 덕성을 타고났다고 주장했는데, 이것은 (재산이나 혈통 같은) 환경을 갖춘 소수만이 덕성을 배양할 수 있다는 기존 사고방식을 완전히 거꾸로 뒤집은 것이었다.

계몽사상가들이나 지롱드파 인사들은 대개 국제적인 인맥 네트워크를 갖추고 상당한 부와 명성을 누렸다. 반대로 산악파 인사들은 대부분 지방 소도시와 시골의 변호사, 부사관, 교사, 서기 출신이었다. 그들은 혁명 전까지 귀족에게 괄시받으며 살았고, 국제적 인맥이 없었으며, 자기 지방에서 가장 가난한 민중과 함께 어린 시절을 보낸 경우가 많았다. 그들은 대귀족이나 지식인보다 오히려 민중이 더 순수한 마음, 더 현명한 거시적 판단력, 더 용맹한 덕성을 지녔다고 믿었다. 이처럼 민중에 공감하는 산악파의 정신은 지롱드파의 으뜸가는 이론가 콩도르세의 사회수학을 만나서 우리가 앞서 살펴본 것처럼 민주주의를 정당화하는 이론적 토대를 닦은 것이다.

프랑스혁명이라는 구체적이고 독특한 사태는 바로 이 이론적 토대가 등장할 수 있는 환경을 마련했다. 자코뱅 정파들이 몰락한 뒤 수립된 총재정부 치하에서 민주파의 일부 정치인들은 사회 최하층 민중에 대한 공감과 이해를 심지어 **동물**에까지 확장했다. 그들은 동물도 인간과 마찬가지로 감각적 고통과 공포를 느낄 수 있으므로 동물을 대량으로 사육하고 학살하는 체제를 철폐하고 채식을 실천해야 한다고 주장했다. 그렇게 해야만 자연적 평등에 걸맞은 대의민주주의 체제 아래에서 인류가 진정한 진보를 이룩할 수 있다는 것이다.

물론 당시 공화파와 민주파 대다수는 이러한 주장을 받아들이지 않았다. 인류의 정치적·도덕적 진보를 떠받칠 경제적 발전에 동물의 노동이 반드시 필요하다고 생각했기 때문이다. 그리고 일평생 노동에 바쳐진 동물이 늙으면 인류의 식량으로 사용되는 것이 불가피하다고도 생각했다. 그러나 감각을 가진 모든 생명체의 공존과 상호의존성을 고민했다는 점에서, 이 시기 일부 급진파 인사가 인간과 동물의 고통을 나란히 놓고 생각하기 시작했다는 사실은 의미심장하다.

지금까지 민주파가 내놓은 **대의민주주의** 이론의 정치적 측면을 민주제 요소와 대의제 요소의 관계를 중심으로 알아보았다. 그리고 근대 민주정을 지탱하는 데 필요하다고 간주된 갖가지 통제 기제들을 함께 살펴보았다. 앞서 말한 바와 같이 이 모든 메커니즘을 떠받치는 토대는 인민의 **덕성**이고, 이 덕성을 키우고 유지하는 역할을 **계몽**이 맡아야 하며, 이러한 계몽을 풀뿌리에서부터 탄탄하게 형성하기 위해서 보편교육을 보장하고, 언론의 자유, 정치협회에서 회합할 자유를 보장하자는 것이 바로 민주파의 정치사상이다.

최초의 근대적 민주주의 이론으로서 제시된 이 사상을 이해하기 위해서는 한 걸음 더 나아가야 한다. 다른 모든 정파들과 마찬가지로, 민주파는 경제적 실체가 부실한 정치적 구상은 지속될 수 없으며 현실성이 없다는 점을 날카롭게 인식했다. 그래서 그들은 경제 프로그램을 내놓았다. 민주파 대의민주주의 이론에서 경제사상은 대단히 큰 비중을 차지한다. 다음 장의 주제가 바로 그것이다.

민주파의 경제사상

정치적·도덕적 이론이 현실에서 도입되고 성공하기 위해서는 시대적 요구에 부합하는 경제이론과 물질적 토대를 갖춰야만 한다. 급진적 정치이론이 설득력 있는 경제 프로그램을 제시하지 못한다면, 그것은 현실 감각을 상실한 얼치기들의 '옳은 말 잔치' 정도로 치부될 뿐이다. 따라서 민주파가 주류 공화파를 설득하기 위해서는 당시 기준으로 전망 있어 보이는 경제 프로그램을 제시해야만 했고, 그들은 실제로 그런 프로그램을 내놓았다. 지금까지 많은 정치사상사 연구가 이 점을 간과했지만, 우리는 근대 최초의 민주주의 이론가들이 내놓은 경제사상을 비교적 상세하게 살펴볼 것이다.

프랑스혁명은 정치적으로뿐만 아니라 경제적으로도 새로이 **민주적** 시도를 위한 발판을 마련했다. 혁명가들은 한편으로는 전통적 사고방식과 개혁 프로그램이 공존하는 계몽의 시대를 이어받으면서도, 다른 한편으로는 예전과 달리 새로운 내용의 경제 정책을 새로운 방식으로 펼칠 수 있는 환경이 주어졌다고 생각했다. 그래서 혁명기에는 여러 경제적 실험이 정부와 민간 차원에서 각각 이루어졌는데, 우리에게 중요한 것은 민주파가 이 새로운 경제적 환경을 어떻게 받아들였는가 하는 점이다.

| 습속을 개선하라

당시 서양인들이 **정치경제학**이라는 단위를 통해서 정치와 사회를 인식하고 사유했다는 점을 기억하자. 정치경제학은 정치에 대한 사유를 경제에 대한 사유와 완전하게 분리하지 않았다. 그런 차원에서 우리는 민주파의 정치적 사유와 경제적 사유를 연결해준 정치경제학의 핵심 개념을 이해할 필요가 있다. 18세기 이후 유럽의 개혁 담론에는 덕성과 계몽을 포괄하는 상위 개념이 존재했다. 바로 **습속**^{mœurs}이다.

습속이란 사람들의 풍속, 생활문화, 습관, 행동양식, 사고방식, 의사결정 패턴 등을 총칭하는 개념이다. 민주파는 인민의 습속이 훌륭해야만 민주적 정치 제도를 유지할 수 있다고 생각했다. 그런데 습속을 훌륭하게 만드는 길, 다시 말해 사람들이 정의롭고 정직하게 살게 만드는 메커니즘은 무엇보다도 물질적인 생활 조건과 밀접하게 연결되어 있으며, 교육이나 언론의 자유 같은 조금 더 정신적이고 추상적인 방식의 해결책만으로는 감당할 수 없다. 민주파는 이러한 문제의식을 갖고서 경제의 전 영역에 걸쳐 광범위한 개혁 구상을 제시했다.

습속을 개선한다는 것은 무슨 뜻일까? 민주파는 이 문제에 사회적으로 접근했다. 이는 개개인을 하나씩 다그쳐서 도덕적인 인간으로 만들기보다는 사회적 제도와 유인^{誘引}을 적절하게 설계함으로써 순리에 따라 습속이 개선되도록 유도해야 한다는 관점이다. 정직하고 성실하게 살면 고생만 하고 인정도 받지 못하는 사회에서는 정직하게 살아야 한다고 아무리 가르쳐봤자 대부분의 사람은 정직하게 살려고 하지 않는다. 이런 사회에서는 엄격한 법을 갖고서도 도덕을 유지하기가 어렵고, 서로를 믿지 못해서 온갖 제도적 장치를 만들어야 하는 비용이 발생한다. 그런데 정직하고 성실한 사람이 정당한 보상을 받고 인정받는 사회에서는 굳이 닦달하지 않아도 자연스럽게 대부분의 사람이 정직하게 살기 위해 노력한다. 여기서는 법이 가혹하지 않아도 기본적인 도덕이 유지되며, 사회적 신뢰로 인해 많은 거래비용을 절감할 수 있다. 앞의 사회보다 뒤의 사회가 더 바람직하다고 전제한다면, 문제는 그런 사회를 만들 방법이 무엇인가 하는 점이다. 민주파는 인간 본성에 대한 탐구를 기초로 삼아, 그 방법을 대원칙, 농업, 제조업, 상업의 차원에서 고민했다. 하나씩 살펴보자.

| 평등과 부국강병의 선순환

민주파가 내세우는 민주적 경제의 대원칙은 **평등**이다. 그들은 "진정한 민주공화국에서는 평등 위에 질서를 정초해야 한다"라고 주장하면서 **정치적·법적 평등**과 **사회적·경제적 평등**이 서로를 지탱하게 만들고자 했다. 그들은 이미 유럽 사회에 너무나 큰 불평등이 존재한다고 진단했다. 또 재산에 따른 제한적 선거권을 규정한 총재정부의 헌법이 경제적 불평등과 결합하여 실질적으로 정치적 평등을 파괴하고 있다고 주장했다. 가난한 사람은 부자에게 고용되어 일하는 과정에서 일상적 차원에서 자신의 독립성을 잃는다. 즉 가난한 사람은 부자에 대해 **사회적·경제적 평등**을 상실한다. 그런데 심지어 당시 헌법은 가난한 사람에게 투표권을 주지 않고 부자에게만 투표권을 주었다. 따라서 가난한 사람은 부자에 대해 **정치적·법적 평등**까지 상실했다.

민주파는 경제적으로나 군사적으로나 안정적이고 강한 국가를 만들어줄 정부형태가 민주공화정이라고 생각했기에, 더더욱 이 다층적 불평등을 국가와 정부의 근본을 파괴하는 중대한 사회적 질병으로 인식했다. 혁명 이전부터 민주정과 평등 사이의 공생관계는 상식으로서 유통되었으며, 볼테르의 말처럼 **재산이 과도하게 불평등하게 분배되어 있다면 민주정은 무너질 수밖에 없다**는 것이 자명하게 여겨졌다. (물론 앞서 살펴본 것처럼 볼테르는 재산의 불평등을 해결할 수 없는 근대사회의 정치에서는 민주정을 배제하는 것이 바람직하다고 보았다.) 따라서 혁명의 성과를 보존하고 튼튼하면서도 정의로운 문민정부를 프랑스에 뿌리내리게 하기 위해서는 민주정이 필요한데, 민주정을 유지하기 위해서는 반드시 평등이 필요하다는 것, 이것이 민주파가 제시하는 경제사상의 대원칙이었다.

민주파의 논리를 압축하면 민주국가에서 **평등과 부국강병 사이에 선순환이 존재한다**는 명제로 요약할 수 있다. 평등이 존재해야만 사람들이 긍지를 갖고 열심히 일하고, 더 많은 인구가 생계를 유지할 수 있게 되며, 그 결과 인구가 많아지고 군사력도 강해진다. 또한 평등이 존재해야만 사치가 줄어들고 덕성이 높아지며 습속이 개선된다. 그 결과 사람들은 더욱 성실하고 정직하게 일하게 될 것이고, 그렇게 일하기만 하면 정신적으로나 물질적으로나 그럭저럭 편안한 생활이 보장되는 제도적·경제적 환경이 조성된다. 그 결과 경제는 더욱 번영하고, 정치는 더욱 안정되며, 사람들은 행복해지고, 국민들이 서로를 시기하고 질투하는 마음이 사라지고, 인구가 늘어나 군인이 많아지며, 그 군대는 매우 용맹하므로 국방이 탄탄하다. 이것이 민주파가 구상한 선순환이었다.

| 중도적 평등

이런 선순환을 확보하는 데 평등이 필요하다면, 그 평등이란 도대체 어떤 평등이라야 하는 것일까? 이 질문에 대한 답으로, 민주파는 당시 정치판에서 좌측과 우측의 정치인들이 제시한 평등 개념과 대립하는 **중도적 평등** 개념을 내세웠다.

좌측의 관점에서 볼 때, 사적 소유는 인간의 탐욕이 낳은 도적질이며 모든 재산은 정의의 원칙에 어긋나는 장물이다. 그들에게 정의로운 사회란 자연이 인간에게 부여한 원초적 자유를 존중하는 곳이다. 따라서 정의로운 사회를 만들기 위해서는 가장 먼저 소유권부터 폐지해야 한다. 이런 사회를 실현하기 위해서는 기존 체제를 전복해야 하므로, 비밀결사를 조직하고 음모를 꾸며 반란을 일으켜야 한다. 반란을 성공시킨 뒤, 공동생산과 공동소유를 원칙으로 삼는 국가를 수립해야 한다.

이것이 바뵈프, 마레샬Sylvain Maréchal, 다르테Augustin Darthé, 부오나로티Filippo Buonarroti, 로시뇰J.-A. Rossignol을 위시한 **평등파**의 관점이었다. 그들은 공산사회를 만들기 위해 총재정부 초기에 이른바 평등파의 음모Conjuration des Égaux를 꾸몄으나 내부자의 밀고로 발각되어 반역죄로 재판을 받았고, 바뵈프와 다르테는 사형에 처해졌다.

우측의 관점에서 볼 때, 재산의 불평등은 사회 전체를 부유하게 만든다. 상업사회가 발전하기 위해서는 상당한 정도의 불평등이 필요하며, 이 불평등은 개인별로 투입한 노력의 차이에 따른 결과이므로 전적으로 공정하다. "손가락이 6개인 내 이웃이 나보다 더 많은 햇살을 받는다고 해서 태양에 그 잘못을 따져 물을 수는 없다." 가난은 나태함의 징표이며 가난한 사람은 곧 적게 노력한 사람이다. 그러므로 가난한 사람에게 투표권을 주지 않는 것은 (공화주의적 관점에서) 공익에 보탬이 되는 조치일 뿐만 아니라 (자연법적 관점에서) 정의의 원칙에 부합하는 정당한 조치이기도 하다는 것이다.

이들의 관점에서 재산을 갖지 못한 자는 진정한 시민이 아니다. 그들은 스쳐 지나가는 사람들에 불과하다. 진정한 시민들이 스쳐 지나가는 사람들과 함께 살아가며 경제활동과 여러 사회적 삶을 꾸릴 수는 있다. 그러나 재산을 갖지 못한 자들이 나라의 주인, 즉 주권자가 될 수는 없다. 집, 땅, 재산을 합치면 국가가 되며, 그 주인들이 바로 국가의 주인들이다. 그들이 자신들의 의지를 통치에 반영하기 위해서 대표자를 뽑아 의회와 정부를 구성하는 것이 바로 대의정부이다. 평등을 외치는 대범한 개혁가들은 사실 인류에 해를 끼칠 뿐이다. 사회는 필연적으로 소수의 부자와 다수의 빈자로 구성될 수밖에 없다. 그러니 불평등을 억지로 제거하려는 노력은 사물의 이치에 역행하는 것이다. 모두가 부유하다면 아무도 일하지 않을 것이며, 그 결과 모든 사람이 자기 재산을 깔고 앉은 채로 굶어 죽고 인류는 멸망할 것이다.

이것이 시에예스[Emmanuel Joseph Sieyès], 뒤퐁[P. S. Du Pont de Nemours], 모그라스[J.-B. Maugras], 뢰드레[P.-L. Rœderer]를 위시한 보수공화파의 관점이었다. 그들은 재산과 직업에서 발생한 불평등이 정치적 평등과 권리의 평등을 전혀 변질시키지 않는다고 주장했다.

극적으로 대립하는 두 입장 사이에서, 민주파는 과도한 불평등이 공화국의 토대를 침식하고 있지만 그렇다고 해서 소유권을 폐지하기에는 이미 늦었으며 공산사회는 아름다운 꿈에 불과하다고 평가했다. 대신 그들은 **온건한 평등**을 추구한다는 입장을 취했다.

민주파의 논리는 평등과 자유를 결합하는 데서부터 시작한다. 인간은 평등하며, 평등이라는 원칙이 정치적 권리에 반영되어야만 진정으로 자유로운 국가를 세울 수 있다. 재산을 갖지 못한 사람도 시민이다. 법치국가는 입법 과정에서 반드시 모든 거주민 또는 해당 법의 지배를 받는 사람들의 동의를 구해야 한다. 따라서 어떤 경우에도 재산을 기준으로 투표권을 제한해서는 안 된다. 그러나 이 원칙이 재산의 불평등을 인정하지 않는 완전한 평등주의로 나아가는 것은 아니다.

민주파가 볼 때 인간이 **평등하다**는 말은 인간이 서로 **닮았다**는 뜻이 아니다. 인간은 서로 매우 다르다. 개인별로 체력의 차이, 지성의 차이, 취향의 차이가 크다. 그래서 직업에도 차이가 있는 것이다. 정부가 사람들이 같은 직업을 갖도록 강제하는 것은 억압이며 자유의 원칙에 위배된다. 또한 그러한 강제는 사회에서 효과적으로 세분화된 분업을 없애는 결과를 가져오기 때문에 경제적 효율성이 하락하고 국력이 약해져서 다른 나라에 정복당하게 될 것이다. 그러니까 정부는 개인에게 직업 선택의 자유를 보장해야 한다. 그런데 직업마다 경제적으로 산출하는 절대적·상대적 생산량에 차이가 있으므로 직업별로 발생하는 소득에도 차이가 생긴다. 다시 말해 직업 선택의 자유를 보장하는 한, 필연적으로 누군가는 남들보다 부유해지고 다른 누군가는 그보다 가난해진다. 시장 논리에 따라 이 차이가 꾸준히 축적되면 사회적 빈부격차가 발생한다.

이러한 논증의 결과 이렇게 발생한 빈부격차는 자유의 대가라는 결론이 나올 수 있다. 그렇다면 평등이 민주정을 유지하고 습속을 기르는 데 유리하다고 치더라도, 불평등은 자유의 대가로서 발생한 것인 만큼 그것을 억제하기 위해서 정부가 부자들에게 더 많은 세금을 부과하는 것은 자유의 원칙을 해치는 일이 된다.

그런데 민주파는 이러한 논증에 중요한 요소가 하나 빠졌다고 덧붙인다. 바로 **자연이 인간에게 부여한 지구의 모든 자원에 대한 공동 사용권**이다. 자연상태에서 사회상태로 이행하면서, 사람들이 자연의 산물을 가공하여 창출한 재산이 사적 소유로 인정되었고, 그것을 국법으로 정당화하고 공권력으로 보증하게 되었다. 즉 사회 전체가 법률과 무력으로써 보호하는 사적 소유권의 토대에는 인류 공동의 자연적 소유권이 일부 포함되어 있다는 것이다.

이로부터 직업별 소득 차이에서 발생한 빈부격차가 자연적으로 정당하기만 한 것은 아니라는 명제가 도출되었다. 즉 누구나 사회의 공통 자원에서 자신의 재산을 끌어낸 측면이 있는 만큼 사회 전체에 대한 빚을 진다. 그러므로 민주파의 관점에서 정부가 적절한 수준의 세금을 걷어서 사회 전체의 행복을 드높이는 데 사용하는 것은 자유의 원칙을 해치는 것이 아니라 오히려 그것의 맹점을 바로잡는 일이 된다.

누진세 신설과 간접세 폐지

이 논리에 따라 민주파는 좌파와 우파 사이의 중도적 조세 정책을 기획했다. 어떤 세금을 어떻게 얼마나 걷어야 하는지에 대한 그들의 제안에서 2가지 핵심 요소를 추출할 수 있다. 첫째로, 민주파는 콩도르세를 따라 누진세를 지지했다. 변변한 복지 제도 하나 없던 당시 서양에서, 민주파가 볼 때 지킬 것도 잃을 것도 없는 가난한 사람들은 사회에 빚진 바가 적었다. 반면 부자들은 자신들의 재산과 사회적 권력을 강력하게 지켜주는 사회에 훨씬 큰 빚을 지고 있었다. 그들이 상업과 제조업에서 영위하는 사업과 거기서 나오는 이윤은 법률과 공권력으로 보장되었다. 따라서 재산과 소득이 많을수록 사회에 그만큼 더 많은 세금을 내는 것이 마땅하다는 것이다.

그러나 다른 한편으로 민주파는 콩도르세와 마찬가지로 부자들이 경제활동·이윤추구 의욕을 잃을 정도로 누진세율이 높아서는 안 된다고 생각했다. 그래서 민주파가 제시한 누진세의 세율은 최상위 고소득자에 대해서도 20퍼센트를 넘지 않았다. 그런데도 이 세율은 당시에는 너무 높은 것으로 간주되었기 때문에 의회에서 받아들여지지 않았다. 50세를 넘긴 모든 거주민에게 매년 기본소득을 지급하자고 주장했던 페인Thomas Paine이 재원 마련을 위해 제안한 10퍼센트의 상속세조차 주류 공화파에게 거부당했던 것을 생각하면 놀라운 일은 아니다.

둘째로, 민주파는 간접세를 반대했으며 직접세 확대를 추진했다. 지난 군주정의 빚을 갚고 전쟁을 수행하느라 새로운 빚을 떠안은 신생 프랑스 공화국은 심각한 재정 부족에 시달렸다. 정부는 반복적으로 세수를 늘려달라고 국회에 요청했다. 그런데 국회는 직접세를 인상하면 부자와 권력자의 저항에 부딪힐 것을 두려워했다. 그래서 국회는 상당히 자주 간접세 신설을 논의했다. 민주파는 매번 간접세 신설에 반대했으며, 기존 간접세도 최대한 폐지하고 직접세로 전환하자고 주장했다. 직접세와 간접세는 당시 유럽의 정치경제학 논쟁에서 대단히 중요한 주제였으며, 민주파는 과도하게 간접세에 의존하는 세금 제도를 직접세 위주로 전환하는 것이 민주공화국의 수립과 보존에 대단히 중요하다고 생각했다. 쇼사르의 목소리를 들어보자.

> 간접세를 옹호하는 사람들은 간접세가 소비자의 자발적인 뜻에 따라 납부되는 것이 장점이라고 주장한다. 그러나 이 주장은 틀렸다. 사치품에 과세하면, 사람들이 그 상품을 쉽사리 안 사버릴 수 있다. 그러므로 간접세의 효용을 주장하는 사람들의 말과 달리, 사치품에 대한 간접세는 정부에 별다른 소득을 가져다주지 않는다. 간접세를 많이 걷으려면 소금, 술, 육류에 부과해야 한다. 그런데 이것들은 너무나도 일상적으로 필요한 것들이어서 어떤 대가를 치르고서라도 사야 하는 물품들이기 때문에, 결코 소비자가 자발적으로 납부하는 것이 아니라 사실상 강제로 세금을 내는 것이 된다. 게으르고 완고한 사람에게 직접세를 내도록 강제하면 그 강제가 눈에 보이지만, 인민이 일상적으로 납부하는 간접세는 그 강제성이 눈에 보이지 않지만 실제로는 똑같이 강제적이다. 게다가 만일 간접세가 너무 높으면, 암거래와 밀수가 성행하여 세금 수입을 더욱 줄일 것이다.

사치품에 대한 과세는 무용지물이므로 단기적으로 국고를 다시 채울 방법은 결국 생필품에 대한 간접세밖에 없다는 것인데, 실제로 당시 프랑스 의회가 손쉽게 과세하려 했던 대표적인 물품은 소금, 포도주, 육류였다. 민주파는 생필품에 대한 과세가 사실상 역진세라서 민중의 삶을 피폐하게 만든다고 진단했고, 그런 점에서 개혁의 흐름에 역행하는 것이라고 주장했다.

> **직접세는 금액이 확정되며, 그것이 납세자의 소득과 필요에 비례하게 부과되었는지 알 수 있다. 간접세는 그렇지 않다. 이것이 매우 큰 단점이다. 게다가 상품 가격이 오르면 간접세도 자동으로 따라 오른다. 이것은 더 큰 단점이다.**

쇼사르는 생필품에 간접세를 부과한 상황에서 물가가 상승하면 민중의 생활이 무너지고 습속이 파괴된다고 지적했다. 이 문제에 대한 민주파의 논증을 따라가보자. 평소에 어떤 물건을 향유하던 생활에 익숙한 사람은 가격과 세금이 올랐다고 해서 그것을 소비하던 습관을 쉽게 버릴 수 없다. 결국 그는 기존의 1년치 생활비로 이제는 11개월밖에 살 수 없다. 원래 소비 규모에서 간접세로 인한 지출액이 슬그머니 늘어나면 자기도 모르는 사이에 자산이 점차 줄어든다. 이 과정이 반복되면 그 사람은 완전한 빈곤 상태에 처한다. 결국 토지와 집을 헐값에 팔아야 하는 상황에 처하고 파산에 이른다. 그 결과 경제 전체에 파국이 찾아올 수 있다. 금리가 올라가고 가계부채가 늘어난다. 재앙이 멀지 않은 것이다. 이처럼 간접세의 가장 큰 문제는 그것이 경제 전반에 커다란 악영향을 미칠 수 있음에도 불구하고 그 영향을 미리 계산할 수 없다는 데 있다.

따라서 앙토넬과 쇼사르 외에도 많은 민주파 의원은 정부가 점차 간접세를 폐지하는 방향으로 나아가야 한다고 주장했다. 그들에 따르

작가 미상 「왕을 잡아먹는 인민」(Le peuple mangeur de rois), 1793, 프랑스국립도서관(BnF)
인민을 상징하는 헤라클레스 형상이 왜소해진 왕을 죽이려고 한다. 좌측의 대포와 우측의 병영이 인민 대 군주의 전쟁을, 프랑스혁명기 공화국과 군주국 사이의 치열한 투쟁을 표현한다.

면 인민의 필수품인 "포도주에 대한 과세는 정부의 크나큰 범죄"에 해당한다. 소금에 부과된 부가가치세는 "겉보기에는 인민에게 별로 유해하지 않으면서도 국고를 채우는 편리한 수단인 것처럼 보이지만, 실제로는 큰 해악을 끼친다."

민주파는 간접세 폐지와 누진세 신설이 인민에게 세수 부담을 덜지우는 역할을 해서 그들이 더 성실하게 살아갈 의욕을 주리라고 믿었다. 그 결과 농업, 제조업, 상업이 활성화되면 오히려 경제가 성장할 것이고, 인민이 더 부유해지면 직접세를 더 많이 걷을 수 있다는 논리를 전개했다.

또한 현실적으로 간접세를 정확하게 징수하기가 대단히 어렵다고 지적하기도 했는데, 당시 프랑스의 행정이 지금보다 훨씬 허술했다는 점을 고려하면 이 지적은 타당하다. 실제로 이 시대에는 국회에서 간접세를 신설해놓고도 정작 현장에서는 행정적 인력·기술 부족으로 인해 제대로 징수하지 못하는 경우가 비일비재했다. 이런 상황에서 민주파는 일관되게 간접세 폐지의 대의를 천명하면서 "언젠가는 이 진실이 모두에게 친숙해질 것이고, 간접세가 완전히 폐지되는 날이 올 것"이라는 희망을 내비쳤다.

| 스스로의 힘으로 먹고사는 시민: 소농과 소규모 제조업

불평등을 줄이고 인민의 습속을 개선하기 위해서 세제를 개혁하는 것만으로는 충분하지 않았다. 진정으로 중요한 과제는 경제를 근본적으로 민주화하는 것이었다. 민주파는 경제의 근간을 당시 통용되던 분류법에 따라 생산을 담당하는 농업과 제조업, 그리고 교환과 유통을 담당하는 상업으로 나누어 고찰했다. 최초의 대의민주주의 이론가들이 어떤 방식으로 민주정의 경제적 토대를 설계했는지 이해하기 위해 지금부터 농업에서 출발해서 제조업과 상업으로 이어지는 민주공화국의 정치경제학을 살펴보자. 먼저 농업이다. 농업의 의의는 무엇인가?

농업은 인민의 행복, 인구, 인민의 힘과 자원을 측정하는 기준이다.
이 요소들은 서로 분리되어 있지 않고 연결되어 있다.

쇼사르는 이렇게 규정한다. 이는 민주파가 농업의 중요성을 역설하는 대목이다. 행복, 인구, 힘, 자원을 보여주는 것이 농업이라는 것이다. 또한 이 요소들이 모두 서로 연결되어 있다는 점을 강조한다. 프랑스혁명의 시대에 맞는 역사적 의미로 이해하면, 앞의 인용문은 농업을 어떤 방식으로 경영하느냐에 따라 국가의 습속, 인구, 군사력이 달라진다는 뜻으로 읽어야 한다. 당시 사람들은 자연으로부터 소출을 얻어내는 농업이야말로 모든 진정한 경제적 가치를 생산하는 부문이라고 생각했다. 오늘날의 계산 방법을 적용해도 농업이 그 시대 경제 생산의 85퍼센트 이상을 담당한 것으로 나온다. 따라서 정치경제학이 가장 중시한 부문도 농업이었다. 그렇다면 민주파는 어떤 농업 경영 방식을 선호했을까?

혁명 전, 프랑스에서 최초로 **경제학자**^économistes 라는 명칭을 얻은 지식인 집단이 탄생했다. 그들은 오직 농업만이 모든 부가가치를 생산하기 때문에 농업 부문에만 과세하는 것이 옳다고 주장했다. 그들은 한 사회가 경제적인 가치를 효율적으로 증대시키기 위해서는 넓은 토지를 소유한 소수의 농업 경영자가 임노동자를 고용해서 효율적인 대규모 농업을 운영해야 하며, 그 산물이 시장에서 방해받지 않고 자유롭게 유통되도록 상업의 자유를 보장해야 한다고 주장했다.

농업에 대한 신앙에 가까운 존중 때문에 그들의 정치경제학은 **중농주의**^physiocratie 라고도 불린다. 농업을 중시하는 사조라는 뜻의 번역어이다. 중농주의 정치경제학은 전 유럽에서 명성을 떨쳤으며 애덤 스미스의 『국부론』^An Inquiry into the Nature and Causes of the Wealth of Nations 에도 큰 영향을 미쳤다. 혁명기에도 중농주의에 직접적인 영향을 받은 사람들이 대부분의 경제 개혁안을 만들었고, 이 경향은 혁명 이후 19세기 장바티스트 세$^{Jean-Baptiste\ Say}$의 『정치경제론』$^{Traité\ d'économie\ politique}$에까지 이어졌다.

민주파는 중농주의의 대농 경영론에 정면으로 맞섰다. 대신 소농 경영론을 제시했는데, 사례로 제시된 계산을 살펴보자. 특정한 지역에서 대농 위주의 농업으로 총 25만 리브르(프랑스의 옛 화폐 단위)를 투입해서 100만 단위의 소출을 낼 수 있다면, 소농 위주의 농업으로는 총 40만 리브르를 투입해서 150만 단위의 소출을 낼 수 있다고 치자. 이 경우 대농 경영이 소농 경영보다 전체적인 효율이 더 높다. 투자한 자본에 비해 더 많은 생산량을 기록하기 때문이다. 그러나 민주파는 소농 경제가 대농 경제보다 총생산량이 더 많으며 결과적으로 부양인구도 더 많다는 점을 근거로 들어 소농 경제가 국가에 더 유익하다고 주장했다.

민주파는 개별 농지 단위의 사례도 제시했다. 일정한 면적의 토지를 혼자서 보유한 대농이 15,000리브르를 투자하고 가족과 함께 일손 20명을 고용해서 농사를 지으면 40,000리브르를 산출한다. 같은 면적의 토지를 20가구의 가족이 자영농으로서 경작하면, 25,000리브르를 투입해서 50,000리브르를 산출한다. 그렇다면 같은 면적을 소규모 자영농 20가구가 경작하는 편이 비록 자본투자 효율성은 떨어지지만 총산출량도 더 많고 부양인구도 더 많다. 대농 경영이 25명을 먹여 살리는 것과 달리 소농 경영은 100명을 먹여 살리는 만큼 인구 증가에 직접적으로 기여할 수 있다. 인구가 늘어나면 노동력도 늘어나고 군사력도 증강된다. 그러면서도 이익은 대농 경영과 동일하게 25,000리브르이다. 그러므로 국가적 차원에서 이익이 되는 쪽은 명백히 소농 경영이다. 설사 소농 경영이 단기적으로 대농 경영에 비해 손해가 나더라도 더 많은 인구를 부양할 수 있으니까, 똑같은 지력을 소모하지만 국가의 필요에는 더 크게 기여한다. 대규모로 이루어지는 기업적 농업보다 영세한 규모의 자영농이 주를 이루는 것이 총산출량의 측면에서 경제적으로도 합리적인 데다가 국가 차원에서 노동력과 병력을 확보하는 데 핵심인 **인구 증가**를 지탱하기에도 유리하다는 주장이다.

민주파의 입장에서 무엇보다도 중요한 점은 소규모 자영농이 번성하면 민주정에 적합한 습속을 형성하는 데 유리한 환경이 조성된다는 것이다. 낮은 임금을 받고 고용주의 이익을 위해 일하는 농업 노동자가 아니라 자신의 땅을 갖고서 누구에게도 복종하지 않고 스스로의 힘으로 경작한 소출로 먹고사는 자영농이야말로 공화주의 세계관이 이상적으로 그리는 시민의 모습이었다. 민주파는 소농 경영론을 통해 이런 이상적 시민상이 혁명기 프랑스에서 실제로 구현될 수 있다고 주장한 것이다. 이 농민들은 생계를 덜 걱정하며 자녀를 낳고, 자신의 땅과 자유를 지키기 위해 전쟁에서도 용감하게 싸울 것이기에 민주공화국의 진정한 토대가 될 수 있으리라 기대되었다. 쇼사르는 같은 논리를 제조업에도 적용한다.

현 정부는 정책을 입안할 때 소규모 제조업을 거의 고려하지 않는다. 이것은 큰 오류이다. 왜냐면 소규모 제조업 문제야말로 국가 번영에 진정으로 중요하기 때문이다. 실제로 커다란 공장과 소규모 작업장을 비교해보자. 큰 공장은 공장주 한두명을 몹시 부유하게 만들겠지만, 그곳의 노동자들은 약간의 임금을 받는 날품팔이에 불과할 것이고, 사업이 창출한 수익의 분배에 포함되지 않을 것이다. 반면 작은 작업장에서는 아무도 엄청난 부자가 되진 않겠지만, 노동자의 삶이 개선될 것이다. 사회 전체에서 절약하고 근면한 노동자의 숫자가 늘어날 것이다. 올바르게 생활하고 근면하게 일하여 그들의 상황을 근본적으로 개선하는 데 도움이 될 것이다.

소규모 제조업이 대규모 제조업에 비해 노동자의 습속을 개선시킨다는 주장이다. 어째서? 노동자가 사업의 성공을 자신의 성공과 동일시할 수 있기 때문이다. 민주파는 이런 습속 개선의 효과에 비하면 보수를 조금 더 주는 것은 일시적이고 피상적인 효과밖에 없다고 일축한다. 따라서 노동자가 사업을 전부 소유하거나 사업의 지분을 갖는 작은 작업장이 봉급을 많이 주는 큰 공장보다 낫다는 것이다. 좀더 구체적으로 쇼사르는 큰 공장에서 운영되는 제조업과 가내수공업을 다음과 같이 비교한다.

대규모 공장은 투입된 자본금이 더 많다. 생산 규모도 더 크다. 소규모 수공업은 그렇지 않다. 각자가 자기 집에서 일하고, 그 생산품의 유통을 상인에게 위탁한다. 자기 집에서 일하는 노동자의 장점이 고용주의 공장에서 일하는 노동자의 장점보다 천가지나 더 많다. 재택노동자는 일하는 시간 동안 가족과 함께 있다. 그는 가족들의 질서를 유지할 수 있고, 가족들이 일을 돕도록 할 수도 있다. 게다가 힘들이지 않고 은연중에 자식들에게 일을 가르칠 수도 있다.

민주파는 농업에서와 마찬가지로 제조업에서도 소규모 행위자들이 독립적으로 사업을 운영하고 번성하는 환경을 조성해야만 한다고 주장한다. 그래야만 민주적 습속이 솟아날 것이라는 이유에서다. 대기업과 달리 가격결정력도 독점능력도 없는 소규모 기업들은 언제나 시장의 경쟁과 부침에 무방비로 노출되어 있다. 그렇기 때문에 살아남은 소기업은 역설적으로 탄탄한 경쟁력을 갖추게 되며 앞으로의 "시장경쟁에서 쉽게 망하지도 않는다." 민주파는 이것이 "진정한 의미에서 국익을 창출하는 제조업을 보유하기 위해서" 따라야 할 정치경제학의 원리라고 믿었다. 이런 이유로 민주파는 제조업이 노동자들이 소유한 소규모 작업장과 가내수공업을 중심으로 재편되어야 한다고 주장한 것이다.

그런데 이 주장에는 강한 정책적 함의가 들어 있다. 바로 국가가 소수 기업인에게 특혜를 주는 방식으로 경제에 개입하지 말라는 것이다. 이유인즉슨 그와 같은 정책으로 인해 대기업이 성장하는 대신 소규모 농업과 제조업이 타격을 입기 때문이다. 오늘날의 상식으로는 정부의 간섭이 대기업에 불리하고 자유방임 정책이 대기업에 유리하다고 생각하기 쉽다. 그러나 산업사회의 태동기에 유럽 각국의 정부는 소수 대기업에게 꾸준히 많은 특혜를 줌으로써 그들의 사업을 성장시켰고, 지금까지 이어진 대기업 가문들의 신화는 여기서 시작되었다.

민주파는 총재정부가 부패하여 기업가의 로비에 휘둘린다고 의심했고, 정부와 의회가 소규모 경제행위자에게 해를 끼치면서 대기업에게 직간접적으로 보조금을 지급한다고 생각했다. 특히 쇼사르는 그것이 부자들에게 주어진 특혜와 다를 바가 없다고 지적했다. 그런 정책은 인민의 근로 의욕을 떨어뜨리고 총생산량과 인구를 감소시키며, 근본적으로 습속을 파괴할 것이 분명해 보였다.

> 시민 중 한 계층을 희생해서 다른 계층을 돕는 일은 정부가 해서는 안 될 일이다. 정부는 모든 계층의 시민을 동등하게 보호하는 것이 마땅하다. 제조업을 돕기 위해 농업을 희생시키는 것에는 어떠한 정의도 없다. 게다가 국고는 대공장주에게 퍼줄 것이 아니라 다수 시민을 위해 사용해야 한다.

총재정부가 주로 시행하던 넓은 의미의 보조금 조치는 구체적으로 원자재 수출 금지와 현금 보조금 지급이었다. 민주파의 입장에서 볼 때, 원자재가 수출되어 국내 가격이 오르는 것을 막기 위한 정부의 조치는 "공장주를 이롭게 하기 위해 원자재 생산자를 해롭게 하는 것으로서, 잘못되고 부당한 조치이다." 이 주장의 바탕에는 정부가 간섭하지 않고 농업, 제조업, 상업을 자유롭게 놔두면 시장이 적절한 조정을 해줄 것이라는 믿음이 깔려 있다. "해외만큼 좋은 조건의 구매처를 국내에서 발견한다면, 원자재 생산자는 결코 해외에 자재를 수출하지 않을 것이다." 쇼사르는 이와 함께 현금 보조금 지급도 시장 왜곡을 조장하는 정책으로 간주했다.

> 현금으로 제조업에 지급하는 보조금은 불성실한 투자와 낭비를 조장한다. 국가가 돈을 무상으로 주지 않고 빌려주는 경우라 해도, 정

부는 대개 채무자를 감시하는 능력이 떨어진다. 게다가 처음부터 자본금 전체를 차입해서 시작하는 공장은 성공하기 힘들다. 자금이 없으나 재주가 좋은 사업가는 소규모로 창업해서 점진적으로 사업을 확장하는 쪽을 택해야 한다.

▌완전한 상업의 자유

민주파가 이렇게 주장한 바탕에는 정부가 현명한 경제적 의사결정을 내릴 능력을 갖지 못한다는 판단이 놓여 있었다. 이른바 경제통을 영입하더라도 행정부와 국회 조직의 대부분을 장악하는 것은 여전히 공무원이다. 게다가 혁명기 프랑스 정부를 운영한 주체는 하급 공무원들을 제외하면 변호사, 의사, 소설가, 시인, 생물학자, 화학자, 천문학자 등이었다. 경제학이 하나의 학문으로 자리잡은 지금도 정부가 경제를 예측하고 조종하는 것은 대단히 어려운 일이다. 이론에 밝은 경제학자들과 경험 많은 경제 관료들이 머리를 맞대고 만든 정책도 자주 실패한다. 그렇다고 해서 정부가 경제에 간섭하면 안 된다는 주장이 꼭 도출되는 것은 아니지만, 적어도 정부가 계획한 대로 경제가 움직여주지 않을 위험이 언제나 도사리고 있다는 점은 분명하다. 이를 두고 쇼사르는 이렇게 말했다.

모든 것을 알고자 하는 행정관과 통치자의 욕망은 위험하다. 그리고 어떤 군주, 어떤 장관, 어떤 참사회라 할지라도 고작 백만명의 사업에 대해서조차 잘 알 수 없다. 반면 각 개인은 대체로 자기 자신의 사업을 아주 잘 안다.

사람들은 자기 일을 정부보다 잘 아니까 그들에게 맡겨두라는 것이다. 이처럼 인민에 대한 신뢰는 계획경제에 대한 반대로 직결되었다. 이런 의미에서 민주파는 "정부가 상거래에 부적합"하다고 주장했다. "정부의 경제적 선택은 1번 성공할 때마다 20번 실패할 것이다." 경제학자와 경제 관료가 거의 없는 것이나 마찬가지인 수백년 전의 상황에서 민주파가 정부의 경제 개입을 비판한 것을 현재와 비교해보면, 사회민주주의 경제 정책과는 내용이 다르고 자유방임주의와는 맥락이 다르다고 정리할 수 있겠다.

민주파의 주장에서 핵심은 대기업을 위한 시장 개입이 민주적 경제환경 조성을 방해한다는 부분이다. 소규모 제조업이 번성하는 환경을 만들기 위해서 정부는 단지 창업을 자유롭게 허용하고 인력, 물자, 지식의 자유로운 이동을 장려하는 것으로 충분하다고 보았다. 이러한 이동의 자유를 당시 용어로 **완전한 상업의 자유**라고 불렀다. 민주파는 농업을 중시하며 상업을 적대시하던 일부 공화주의자들의 전통적 사고방식에 문제를 제기했다. 민주파가 볼 때, 좋건 싫건 근대 유럽은 이미 역사적으로 상업사회의 단계에 진입했다. 시대가 변했다는 것이다. "사회 속에서 상인이 아닌 사람이 누가 있는가?"

적어도 인류의 현 단계에서는 모든 것이 상업이다. 고용된 사람은 자신의 물질적 또는 지적 능력을 거래하며, 경작자는 자신의 곡물을 거래하며, 공장주는 자신의 공산품을 사고팔며, 상인은 상품을 거래한다.

이러한 쇼사르의 설명은 독특한 주장을 개진한 것이 아니라 당대의 일반적 사회관을 재천명한 것이었다. 아무도 자급자족할 수 없다는 점에서, 즉 누구나 시장의 교환을 거쳐야만 생존할 수 있다는 점에서 이미 상업은 모두의 일이 되었다. 상업에는 장점도 많다. 상업은 "국경을 넘어서 형제애를 키워주고 서비스와 산업의 교환을 수행하므로 인류에게 유익하다." 이처럼 평화와 번영에 기여하므로 "상업은 자유로운 것이 좋다."

특히 상업은 농업과 제조업에 직결되어 있다. 제조업의 경우는 말할 나위도 없고, 농업의 경우에는 농작물을 농부가 모두 먹지 않고 시장에서 판매하기 때문이다. 그런데 당시 농촌과 도시 사이의 중개상 활동이 불법이었기 때문에 농민들이 직접 농산물을 도시의 시장에 들고나가 파느라 농업생산 효율이 떨어졌다. 이를 두고 민주파는 농작물의 중개 상업을 막을 것이 아니라 오히려 다른 상업처럼 전적으로 자유롭게 해주고 권장해야 한다고 주장한다. 그리하여 농부가 생산에만 전념할 수 있도록 해주자는 것이다. 그 결과 전문적인 상인들이 경쟁하는 체제가 성립하면 "매점매석, 독점, 가격 상승의 유령이 자취를 감출 것"이라고 기대했다.

인민의 "능력이 발전"되어서 기술이 개선되고 경제가 번영하려면 경쟁이 필요한데, 상업은 바로 이 경쟁을 제공한다. 농민들과 제조업자들이 상업이 창출한 시장에서 "서로 경쟁하도록 가만히 둬야 한다. 왜냐면 경쟁을 통해서만 가장 확실한 승리가 탄생하고 생산기술의 발전이 나타나기 때문이다. 이는 토지의 생산물과 어우러져 만국의 인민

사이에 평화로운 동맹의 수단이 된다."

이러한 상업에 대해 정부는 농업과 제조업의 경우보다 더욱 개입을 삼가야 한다는 것이 민주파의 입장이었다. 상업은 대단히 복잡하고, 정부는 세계 각국의 모든 경제행위자들의 계산을 도저히 따라갈 수 없다. 수입을 억제하고 수출만 장려한다고 해서 국가가 부유해지는 것은 아니며, 국내외 화폐가치 변동과 물가 변동이 국가 전체의 경제적 손익 계산을 더욱 어렵게 만든다. 그래서 쇼사르는 다음과 같이 말한다.

> 정부가 참견하는 다양한 일 중에 상업이야말로 정부의 서투름을 가장 잘 보여주는 분야다. 정부가 상업에 관여하는 순간부터 정부는 자신이 지도하는 것들을 망친다. 마치 헤라클레스의 팔로 연약한 식물을 키우려는 것과 같아서, 그 팔은 식물을 훼손하고 죽이게 된다.

| 상업을 관리하는 법

상업에 자유를 허용하라. 이것이 민주파의 주장이었다. 그렇다고 해서 오늘날의 기준으로 민주파를 신자유주의자나 자유무역주의자라고 부르는 것은 곤란하다. 과거는 낯선 땅이다. 옛사람들의 생각을 지금 우리의 분류에 억지로 구겨넣지 말자. 민주파는 자유로운 상업을 무한하게 긍정하지 않았으며, 상업에 대한 공화주의자들의 의심과 염려를 공유했다. 그들은 상업이 제공하는 경쟁과 교환이라는 기제를 통해 농업과 제조업이 성장할 것이라 내다보았지만, 다른 한편으로 상업이 이윤에 대한 인간의 욕망을 자극하여 투기에 가까운 위험한 투자를 조장하고 돈을 가장 우선으로 여기는 문화를 정착시켜 인민의 습속을 타락시킬 위험이 크다고도 생각했다. "적절한 한계를 넘어서는 순간, 상업은 인민에게 위험하고 치명적인 것이 된다."

따라서 상업이 초래할 수 있는 위험 요소들, 특히 사치, 탐욕, 맹목적인 이윤추구를 견제하는 것이 중요하다고 보았다. "이기심이 아니라 공동선에 기여하는 방향으로 상업을 이끌어야 한다." 즉 상업에 개입하지 않으면서도 상업이 사치와 탐욕으로 흐르지 않도록 유도해야 한다는 것이다. 그 방법은 무엇일까?

> 정부가 갑작스럽게 상업을 창출하거나 고무하거나 지도하려 들면 안 된다. 상업은 반드시 농업 및 제조업과 자연스럽게 보조를 맞추어나아가야 한다. 상업은 그 자체로는 아무것도 아니라는 점을 모르겠단 말인가? 매매할 물건이 있은 다음에야 상인이 있다는 점을 모르겠는가? 따라서 상업을 격려한다는 말보다 더 황당한 것이 어디 있는가? 농업과 제조업을 제대로 격려하면 상업은 스스로 전진할 것이다. 그러나 정부가 나서서 상업을 짓밟아서도 안 된다. 이는 상업 자체를 위해서 하는 말이 아니다. 생산과 유리된 상업 그 자체는, 다시 말하건대 아무것도 아니다. 상업을 짓밟으면 안 되는 이유는 그럼으로써 농업과 제조업까지 짓밟게 되기 때문이다.

쇼사르의 생각을 요약하면, 정부가 상업 부문을 억제하거나 부양하려고 의도적으로 개입하는 행위를 삼가야 한다는 것이다. 교역에 직접 개입하기보다 오히려 정부는 복권·도박의 금지와 같이 시민의 습속이 타락되는 것을 방지하기 위한 간섭 조치를 취하고 금융 제도를 탄탄

하게 확충하여 상업거래 전반에 신뢰를 부여하는 방향으로 나아가야
한다.

┃ 민주주의 정치경제학의 탄생

이로써 민주파는 대의민주주의 체제에 적합한 농업, 제조업, 상업을
위한 정치경제학 원칙을 수립하려고 시도했다. 요약하자면, 이 원칙들
이 사회에 뿌리내린다면 인민의 습속을 물질적 차원에서 떠받치는 체
제가 만들어지게 된다. 그 습속의 토대는 **온건한 평등**이며, 이것은 자
유와 평등의 원칙들이 현실적인 차원에서 결합한 것이다. 여기서 제
시된 민주공화국의 경제적 원리의 핵심은 부익부 빈익빈의 메커니즘
을 차단하여 빈부격차가 극심해지는 것을 막고, 불평등에서 나오는 경
제권력이 정치권력으로 변하거나 정치권력과 결탁하여 실질적인 법
적·정치적 불평등을 초래하는 것을 막는 데 있다. 이를 위한 정책들을
정당화하기 위해 민주파는 인류가 자연상태에서 사회상태로 이행한
과정, 시민과 사회가 서로에 대해 갖는 의무와 권리, 공화국 흥망성쇠
의 원리, 그리고 농업·제조업·상업이 국부·경제성장·인구·군사력과
맺는 관계를 탐구하여 최초의 민주주의 정치경제학을 탄생시켰다.

한걸음 더 나아가 민주파는 이러한 정치·경제 체제가 충분히 안착
할 때까지 필요한 시간을 벌고 그것의 국제적 전파를 도모하기 위해
프랑스 주변에서 시작해 점차 모든 유럽 국가를 공화국으로 바꾸려는
중장기적인 계획을 발전시켰다. 그들은 이 계획에 따라 미래에 형성될
유럽이 커다란 유럽의회에 각국이 대표를 보내는 초국적 수준의 대의
제가 될 것이라고 기대했다.

그러나 1792년부터 1815년까지의 현실에서 유럽을 지배한 것은 여러 군주국과 프랑스 사이의 끝없는 전쟁이었다. 프랑스에서는 혁명의 대의와 조국의 영광이 동일시되기 시작했고, 군주국들은 혁명이 프랑스의 야욕을 가리는 가면에 불과하다고 생각하기 시작했다. 1799년 나폴레옹 보나파르트의 쿠데타 이후 프랑스는 더 빠른 속도로 총력전의 늪에 빠져들었고, 1815년 그가 몰락하고 루이 18세가 돌아와 왕정이 되살아났을 때 유럽은 확고한 복고와 보수의 길에 들어서 있었다.

따라서 단기적으로는 민주파의 기획이 당시 다른 공화파 인사들의 다양한 기획들과 마찬가지로 실패했다고 평가해야 할 것이다. 민주파가 공들여 세운 사상적 구조물은 총력전으로 치닫는 군사정권의 급박한 현실적 요구들 앞에서 설 자리를 잃었다. 그러나 민주파는 현실정치에 몸담은 채 정파적 투쟁에 시달리면서도 최초로 정교한 민주주의 정치경제학을 내놓았으며, 그 알맹이는 당대에 많은 지지자와 비판자를 만들면서 상당한 영향을 미쳤다. 18세기의 마지막 순간에 씨가 뿌려진 것이다.

보나파르트 장군의 집권과 함께 19세기가 열렸다. 이전 총재정부 공화국에서 평등파, 민주파, 공화파, 평원파, 군주파, 왕당파 등 여러 갈래로 갈라졌던 혁명가들은 새로운 군사정권 치하에서 프랑스와 유럽의 장기적 번영과 평화를 확보할 방법을 모색하기 시작했다. 그들의 공통된 진단은 유럽의 제 민족이 아직 민주정에 걸맞은 덕성과 습속을 갖추지 못했다는 것, 민주주의는 시기상조라는 것, 심지어 많은 나라들에서는 공화국 건설조차 시기상조라는 것이었다.

그들은 민주주의를 포기했다. 그보다는 우선 인민을 계몽시키고, 계몽의 절차를 지도할 소수 엘리트를 양성하고, 그 엘리트가 인민에게서 확고한 신뢰를 얻고 안정적 지도력을 확보하게 만들 방법을 고민했다. 즉 민주파가 뿌린 씨앗은 살아남았지만 다수는 우선 그 씨앗이 발아하지 못하게 막을 방법부터 모색했던 것이다.

이처럼 민주주의의 역사는 단선적인 상승의 역사가 아니라 굴곡의 역사이다. 19세기에 살아남은 혁명가들과 다음 세대의 개혁가들은 프랑스혁명의 유산과 오명을 어떻게 **처리**할 것인지를 두고 치열한 투쟁에 돌입했다. 과연 인류는 단기적으로든 장기적으로든 진보할 수 있는지, 진보하기 위해서는 혁명의 유산을 거부해야 할지 수용해야 할지가 쟁점이 되었다. 이어지는 장은 늙은 혁명가들과 그 후손들의 이야기가 될 것이다.

10 "민주정의 유령을 몰아내라"
프랑스혁명의 결산

1799년 가을, 군사 쿠데타가 성공하면서 프랑스혁명은 막을 내렸다. 나폴레옹 보나파르트는 쿠데타를 성공시킨 뒤 통령정부를 수립했다. 이 정부는 민주주의를 철저하게 배제하고 법과 권위에 기초한 공화국을 운영하는 것을 목표로 삼았다. 경제전문가, 군사전문가, 법률전문가들이 정부를 이끌었고, 보나파르트 개인이 각종 군사, 경제, 입법, 정치 현안에 대한 최종결정권을 독식했다. 그는 1802년에 종신 통령이 되었고, 결국 1804년에 공화정을 폐지하고 프랑스제국을 선포한 뒤 스스로 황제 나폴레옹 1세로 즉위했다.

다수 혁명가들이 지지했던 공화정의 기획, 그리고 일부 혁명가들이 주창했던 민주정의 기획은 나폴레옹의 청사진에서 제외되었다. 파리에 머물던 민주파 정치인 메주^{Bernard Metge}는 민주정을 수립하려는 의도로 비밀리에 새로운 헌법 초안을 작성하고 있었다는 의심을 받아 총살형에 처해졌다. 때는 1801년 1월, 공화정의 외피가 벗겨지기도 전이었다.

그렇지만 나폴레옹이 혁명의 유산을 모두 내팽개쳤다고 말하기는 어렵다. 1799년부터 1814년까지 15년의 집권기 동안 나폴레옹은 혁명가들이 이전 10년간 내놓은 여러 기획을 단단한 초석 위에 올려놓으려고 했다. 그 일환으로 전국의 행정체계를 정비했고 중앙집권적 국가조직을 확립했으며, 민법전을 펴냈다. 또 비밀경찰을 포함한 강력한 경찰력이 내치의 근간을 떠받치고 국력을 전쟁에 집중시키는 군사정권을 운영했으며, 각양각색 민족으로 구성된 군대를 이끌고 유럽을 제패했다.

1815년 워털루 전투에서 나폴레옹이 패배하면서 마침내 혁명가들이 이루려고 했던 모든 것이 대단원에 이른 것처럼 보였다. 폭풍이 휩쓸고 간 자리에는 많은 상처의 잔해가 남았다. 내전을 포함한 전쟁은 수백만명을 집어삼켰다. 좌파의 공포정치와 그에 대한 반동인 우파의 백색공포를 거치며 전국의 프랑스인들은 피를 나눈 동지와 불구대천의 원수로 나뉘었다. 구체제의 습속은 개혁되지 않았고, 공화정과 민주정은 실패했다.

이 모든 것이 무너진 자리에 왕당파가 돌아왔다. 1793년 1월에 처형당한 루이 16세의 동생 프로방스 백작은 23년의 망명 생활에 종지부를 찍고 루이 18세로 즉위했다. 그는 혁명가들이 창안하고 나폴레옹이 다져놓은 새로운 통치기구와 행정체계를 거의 바꾸지 않고 사용했다. 그것들은 적이 만들었다는 이유로 폐기하기엔 너무나 효율적이었던 것이다. 복귀한 군주정의 헌법 역할을 했던 1814년 6월 4일 헌장 Charte constitutionnelle은 프랑스 왕이 공화국의 시민이 아닌 왕국의 **신민**에게 각종 자유를 **허가**하는 형태를 취했으나, 제1조에서 "작위와 신분을 불문하고 모든 프랑스인은 법 앞에 평등하다"라고 선언함으로써 왕가의 지도자들이 구체제를 완전히 되살려내려는 야심을 포기했음을 보여주었다.

무엇보다도 혁명가들이 살아 있었다. 그들이 있는 한, 혁명 이전의 구체제를 19세기에 완전히 되살려내는 일은 허용되지 않았다. 여러 세대로 구성된 이 노련한 옛 혁명가들 중 상당수가 루이 18세의 군주정에서 정치인, 행정관, 법률가, 경제전문가로 계속해서 복무했다. 추방당한 몇몇을 제외한 대부분의 공화파·민주파는 프랑스 **왕국**이 국가 간 경쟁 체제에서 영국, 프로이센, 오스트리아, 러시아에 밀리지 않는 강대국으로 남아 있게 하기 위해 힘을 모았다. 경제학에서 "공급이 스스로 수요를 창출한다"는 **세의 법칙**loi de Say으로 유명한 장바티스트 세는 강고한 공화주의자였지만 왕정에 봉사하며 영국에 가서 산업스파이 역할을 수행했다. 당장 프랑스의 정부형태는 공화정이 아닌 군주정이었지만, 살아남은 혁명가들은 그런 이유로 조국에 등을 돌리지는 않았다. 그들의 관점에서 보면 혁명은 어차피 1799년에 이미 끝난 것이었고, 그런 한에서 루이 18세가 나폴레옹을 대체한 것이 꼭 나쁜 것만은 아니었다. 무엇보다도 끝날 것 같지 않던 전쟁이 종식되었다. 게다가 루이 18세의 군주정은 나폴레옹의 군사제국보다 오히려 인신·표현·언론의 자유를 더 잘 보장해주었다. 이제 주어진 환경을 받아들이고 그 안에서 인류의 진보를 위한 실험을 계속해나가는 것, 이것이 살아남은 혁명가들과 그 후예들에게 주어진 과제였다. 대혁명이 끝나고 19세기가 시작된 것이다.

작가 미상 「유럽의 모든 왕좌에 대한 폭격」(Bombardement de tous les trônes de l'Europe et la chûte des tyrans pour la bonheur de l'univers), 1792, 프랑스국립도서관(BnF)
혁명의 대의명분을 비웃는 판화. 국민의회라고 적힌 단 위에 엉덩이를 깐 혁명가들이 쌓여 있다. 그들의 배설물이 유럽의 군주들에게 쏟아지는데, 이 "폭격"은 온 세상의 행복을 위한다는 명분으로 이루어진다.

| 민주적 전망의 세 방향

이 시기 유럽인들의 마음속에서 '신분을 따지지 않는 법 앞의 평등'
과 같은 혁명의 여러 핵심 요소는 굳건히 살아남았지만, 그렇다고 해
서 민주공화국의 전망이 살아남은 것은 아니었다. 돌아온 왕족과 귀족
은 물론이고 살아남은 혁명가들조차 당장 민주주의의 불씨를 되살려
내는 것이 가능하거나 바람직하다고 생각하지 않았다.

그들 중 일부는 민주주의를 **계승**하려는 입장에서, 민주주의가 바람
직하지만 즉시 실현할 수는 없으므로 미래의 민주정을 위해 준비해야
한다고 믿었다. 그러나 그들은 소수였다. 나머지 대다수는 민주주의가
인류의 진보를 방해한다고 확신했다. 어떤 이들은 민주주의의 도래를
확실하게 **방지**할 수 있다고 생각했다. 또다른 이들은 중장기적으로 민
주주의가 대세를 이루는 상황을 방지하는 것이 불가능하다고 판단했
기에 자신들이 인민 통치의 폐해라고 생각하는 요소들을 **교정**할 방법
을 찾아서 민주주의 체제에 삽입하고자 했다. 혁명이 낳은 민주적 전
망에 대한 ① 계승, ② 방지, ③ 교정이라는 3가지 입장을 복원하면 혁
명과 20세기를 이어주는 19세기의 관점들을 이해할 수 있게 된다.

① 민주정을 계승하라

18세기 말, 프랑스의 일부 혁명가들은 평등하고 민주적인 습속을
정착시키기만 하면 근대사회에도 민주공화국을 수립하는 일이 얼마
든지 가능하다고 생각하기 시작했다. 여기에 더해, 같은 시기 이탈리
아의 몇몇 혁명가들은 이미 소국 공화정을 채택하고 있던 지중해 도
시국가들의 전통에 프랑스 민주파의 대의민주주의 이론을 결합시키

면 유럽 남부에 빠른 속도로 민주정을 확산시킬 수 있으리라고 기대했다. 그러나 1799년 11월 보나파르트의 쿠데타로 이들의 꿈이 실현될 기회는 모두 박탈당했다. 민주파 혁명가들은 추방되거나 체포를 피해 망명을 떠났다. 이탈리아에서는 1년 사이에 여러차례 정복자가 바뀌었고, 그 과정에서 셀 수 없이 많은 혁명가들이 처형되었다. 특히 나폴리와 로마에서 이탈리아 혁명가들이 대대적으로 학살되었고, 살아남은 사람들은 밀라노로 피신해서 프랑스의 군사적 보호 아래 정치적 활동을 이어나갔다.

이들은 혁명기에 현실 정치에 깊숙이 뛰어들었던 사람들이었는데, 1800년부터 일부는 보나파르트 정권과 타협하여 그 내부에서 정치인이나 행정가로 활동했고, 나머지는 언론인, 소설가, 교육자로 방향을 틀었다. 활동한 방식은 달랐을지라도 이들이 겨냥한 목표는 같았으니, 그것은 혁명기의 **실책**을 바로잡고 미래를 **준비**하는 것이었다. 혁명기의 실책이란 바로 민주적 습속이 미처 형성되지 않은 상황에서 성급하게 민주정을 수립하려고 했던 시도를 가리킨다. 나폴레옹의 군사정권과 루이 18세의 복고왕정 치하에서, 이제 노장이 된 민주파 인사들은 수십년 전 젊은 시절의 혁명을 복기하며 미래의 민주주의를 준비해야 할 필요성을 느꼈다. 어떻게 하면 프랑스에, 나아가 유럽 전체에 민주정이 뿌리내릴 터전을 마련할 수 있겠는가? 혁명기로부터 이어진 이 질문을 마주한 민주파는 여전히 그 대답으로 **민주적 습속**을 강조했다.

습속을 개선하고 민주주의의 토대를 닦기 위해 가장 중요한 일은 인민의 성향이 기본적으로 보수적이라는 사실을 받아들이고 그들을 부드럽게 설득할 장기적인 전략을 준비하는 것이었다. 공교육 제도를 확립하고, 신문 지면이나 마을 회의 같은 곳에 사회적인 토론 공간을 마련하는 방안이 제시되었다. 특히 민주파는 많은 양의 저술을 내놓았는데, 대개 습속을 개선하기 위한 온갖 교훈을 담은 소설이거나 교육에 관한 이론서 또는 정책집이었다.

한 예로 민주파의 경제사상을 구축했던 쇼사르는 18세기에 유행했던 문학 장르를 차용해서 고대 그리스를 여행하는 젊은 철학자, 고대 로마의 황제, 수레에서 친구를 만난 농촌의 시민과 같은 인물들을 주인공으로 삼은 여러 소설책을 19세기 초에 펴냈다. 또다른 예로 한때 로베스피에르의 총아였고 총재정부기에 민주파의 선전과 언론 전략에 투신했던 쥘리앵M.-A. Jullien은 19세기 전반기에 스위스의 저명한 교육이론가 페스탈로치의 사상을 프랑스에 소개하는 책을 쓰고, 유럽에서 출판되는 모든 학술서에 대한 서평을 싣는 신문인 『백과사전지』Revue encyclopédique를 간행하는 데에 여생을 바쳤다. 밀라노로 피신한 나폴리의 혁명가 쿠오코Vincenzo Cuoco는 처형된 동지들을 기리며 왜 이탈리아에서 혁명이 실패했는지를 분석하여 『1799년 나폴리혁명에 관한 역사적 시론』Saggio storico sulla rivoluzione napoletana del 1799을 썼다. 그는 인민이 혁명을 받아들일 준비가 되지 않은 상태에서 혁명을 강행하면 반드시 실패할 뿐이며, 이 실패는 전보다 더 강력하고 폭력적인 반동을 불러일으킨다고 판단했다. 또 이탈리아뿐 아니라 유럽 각지에서 개혁과 진보를 이루기 위해서는 첫째로 인민의 교육과 둘째로 큰 변화가 느껴지지 않을 정도로 조심스럽고 점진적인 행정적 개혁 작업이 반드시 선행되어야 한다고 진단했다.

교육과 점진적인 습속 개혁보다 조금 더 신속하게 민주주의의 토대를 닦을 직접적인 방법도 거론되었다. 바로 경제적 평등이다. 민주파가 주창했던 온건한 평등 개념이 무색할 정도로, 19세기 프랑스 경제의 재산 불평등은 심각했다. 이 상황을 타파해야만 민주정의 도래를 기대할 여지가 있을 것이라고 주장한 사람들이 있는데, 당시 이들을 **사회주의자**라고 불렀다. 그들은 이제 사회가 빈민이 영원히 빈곤을 면할 수 없는 단계에 도달했다고 보았고, 인류가 이 상태를 벗어나 도약하려면 새로운 혁명 또는 급진적인 경제 개혁을 통해 인위적으로라도 평등 상태를 만들어내야 한다고 믿었다.

 이들 중 일부는 당장에 혁명을 일으켜 정치권력을 잡기 위해 비밀결사를 꾸렸다. 그러나 대부분은 소규모 공동체를 만들어 평등을 실험하는 기획에 우선순위를 두었다. 실제로 19세기 당시 이들이 제시한 기획에 따라, 푸리에Charles Fourier의 추종자들이 만든 팔랑주phalanxes나 카베Étienne Cabet의 추종자들이 만든 이카리아communautés icariennes와 같은 작은 평등공동체가 새로운 실험을 해볼 기회의 땅으로 여겨진 아메리카 곳곳에 건설되었다.

 어떤 관점에서 보느냐에 따라서 이 공동체들을 허황된 유토피아들이라고 폄하할 수도 있겠다. 이 실험 중 어느 것도 대규모 사회운동을 촉발할 정도로 성공적인 결과를 만들어내지 못했고, 오히려 대부분이 공개적인 실패로 끝났다. 그러나 장기적인 역사적 관점에서 보면 이 것들을 모두 실패로 평가할 수만은 없다. 이들이 혁명적 민주주의 전통을 가장 온전히 계승했고, 1871년에 노동자와 민중이 프랑스 수도의 정권을 무력으로 장악한 파리 코뮌을 넘어 1917년 러시아혁명에 이르기까지 거대한 흐름을 이루는 새로운 운동에 발판을 제공하게 되기 때문이다. 이처럼 혁명의 시대를 지나온 19세기 유럽의 급진파에게 민주주의 실현을 위한 준비 작업은 지루하고 긴 교육과 점진적 개혁의 길이거나 즉각적인 경제적 평등을 추구하는 혁명적이고 실험적인 길이었다.

②민주정을 방지하라

보다시피 혁명기에 탄생한 민주주의의 전망을 계승하려고 노력한 자들은 19세기 유럽 사회에서 소수파였다. 그렇다면 당시 대부분의 유럽인은 민주주의에 대해 어떤 생각을 갖고 있었을까? 인구의 대다수를 구성한 보통사람들은 책을 내지도, 강연을 하지도 않았다. 그러므로 그들의 생각을 정확하게 복원하기에는 우리에게 남겨진 자료가 너무 부족하다. 그러나 19세기 내내 유럽 각국에서 실시된 선거에서 보수파, 왕당파, 황제파의 승리가 이어졌다는 점을 고려해서 추측해보면, 당시 인민의 다수가 민주주의에는 물론이고 공화주의에도 그다지 큰 매력을 느끼지 못했다고 말할 수 있다.

지식인들도 마찬가지였다. 민주주의가 바람직하지 않다고 생각한 지식인 중 일부는 바로 그 민주주의라는 위험한 파도를 막을 방파제를 세우려고 시도했다. 이 방파제 기획에는 옛것과 새것이 있었다.

옛것은 전통적인 공화주의 사상이었다. 총재정부 시기에 『평등주의자 선언』*Manifeste des Égaux*을 썼던 마레샬은 극적인 전향을 경험하고 철저한 엘리트주의자로 탈바꿈해서 『피타고라스의 여행』*Les Voyages de Pythagore*이라는, 역사를 가장한 허구를 출판했다. 『평등주의자 선언』에서 마레샬은 이렇게 외쳤었다.

> 프랑스 인민이여! 1500년 동안 당신들은 노예로 살았고, 삶은 비참
> 했다. (…) 우리는 모두 평등하다. (…) 우리는 어떤 값을 치르고서라
> 도 이 진정한 평등을 얻고야 말 것이다. 우리 앞을 가로막는 자들에
> 게 불행이 있으리라! 프랑스혁명은 또다른 혁명의 전조에 지나지 않
> 으니, 그 혁명은 프랑스혁명보다 훨씬 더 위대하고 엄숙한, 마지막
> 혁명이 될 것이다.

마레샬은 한때 이처럼 파격적인 선언문을 썼던 급진파 작가였다.
그러나 1796년 평등파의 음모가 실패로 돌아간 뒤 인민의 정치적 능
력에 크게 실망하여, 1799년에 출간한 『피타고라스의 여행』에서는 짐
승떼나 마찬가지인 인민의 습속이 개선되기를 기대하거나 그들에게
권력을 쥐여줄 것이 아니라 그들을 지도할 훌륭한 인물을 찾아내는
일이 시급하다고 주장하기에 이르렀다.

> 현인에게는 법을, 인민에게는 왕을 주어야 한다. (…) 법이 말할 때
> 인민은 입을 다물어야 한다. (…) 인민에게 자유에 대해 말해주지 마
> 라. 부유한 인민은 허황된 욕구의 노예이며, 가난한 인민은 실제적
> 욕구의 노예이므로.

마레샬이 혁명을 되돌아보며 내린 결론은 인민이 법을 만들도록 허
락해서는 안 되며, 오히려 현명한 법으로 우매한 인민을 다스릴 기술

적인 수단을 강구해야 한다는 것이다. 많은 공화주의자들이 이와 비슷한 입장을 취했는데, 특히 당시 잘 알려진 인물로는 혁명 초기부터 나폴레옹을 거쳐 복고왕정에 이르기까지 중앙정부 운영에 활발하게 참여한 뢰드레와 스위스의 저명한 경제학자로 알려진 시스몽디[J.-Ch.-L. Simonde de Sismondi]가 있다.

방파제 기획 중 새것은 **산업주의**와 **실증주의**의 사회사상이다. 산업주의란 산업 부문에 종사하는 사람들이 지도하는 산업사회를 창설하자고 주장하는 이념이고, 실증주의란 사회를 철저한 수학적·과학적 방법론에 입각해서 분석해야 한다고 주장하는 이념이다. 산업주의의 설계자는 생시몽[Henri Saint-Simon]이었고, 실증주의의 설계자는 오랜 세월 사회학의 아버지로 불린 콩트[Auguste Comte]였다. 이 둘은 19세기에 각자 종교집단이나 마찬가지인 유파를 세웠고 수많은 제자와 신도를 거느렸다. 민주주의에 대한 그들의 태도와 그 방파제의 작동 방식을 이해하기 위해서는 그들의 역사관과 세계관을 살펴봐야 한다.

산업주의·실증주의 역사관에 따르면 프랑스혁명을 기점으로 유럽의 역사는 새로운 전기를 맞이했다. 기독교가 지배한 중세를 종식시키고 근대사회를 탄생시킨 것은 농노제 폐지, 상업의 발전, 계몽의 전파였다. 그런데 계몽사상의 합리주의는 중세의 잔재를 모두 쓸어내겠다는 일념으로 파괴 작업만을 수행했으며, 그 정점이 바로 프랑스혁명이었다. 계몽과 혁명은 18세기에 유럽 사회에서 중세의 때를 씻어내는 역할을 훌륭하게 완수했지만, 파괴에만 집중했기에 인류의 진보를 위한 새로운 사회를 건설하지 못했다. 그러나 이제 바야흐로 중세 기독교의 시대도 지나갔고, 계몽과 혁명의 시대도 지나갔다. 인류가 진보하기 위해 기독교도 계몽도 혁명도 아닌 새로운 밑그림이 필요해졌다. 즉 체계적인 학문적 작업을 통해 그 설계도를 그려내고, 진보된 상태에 도달하기 위해 인류가 지나야 할 터널을 건설하는 것이 19세기 유럽인에게 주어진 과제로 인식되었다. 생시몽의 산업주의와 콩트의 실증주의는 바로 이와 같은 역사해석 위에 세워졌다.

이 역사관은 계몽사상가들의 역사관과 달리 근대인이 중세 기독교의 지배구조에서 배울 점이 있다고 믿었다. 세계는 물질과 정신으로 구성되는데, 기독교가 정신의 영역에서 인민을 지도함으로써 도덕을 확립하고 사회 발전에 필요한 안정적 토대를 마련했다는 것이다. 그러한 발판 위에서 중세는 스스로를 파괴하게 될 발전을 이룩했고, 결국 근대로의 이행이 이루어졌다는 것이다.

그러나 생시몽과 콩트는 19세기에 기독교의 권력을 되살려내자고 주장하지는 않았다. 그들은 기독교의 세속권력을 복원시키는 것이 명백히 시대의 요구를 거스르는 일이라고 생각했다. 기독교가 새로이 도래한 산업사회와 궁합이 맞지도 않고, 혁명을 거치면서 기독교 조직의 권위가 땅에 떨어져서 사회를 이끌 영적 능력을 상실했다는 이유에서였다.

이런 관점에서 생시몽과 콩트는 19세기 이후 인류의 진보를 책임질 영적 지도집단을 새롭게 창설하자고 제안했다. 생시몽은 은행가, 기업인, 노동자 대표들로 그 집단을 구성해야 한다고 생각했다. 그와 달리 콩트는 자신이 확립한 실증주의 철학을 공부한 지식인들이 그 집단을 구성하는 것이 바람직하다고 주장했다. 그는 이 집단이 더 안정적이고 확고한 권위를 갖고 인민을 지도할 수 있도록 돕기 위해 **인류교**를 창

시했다. 인류교는 내세를 인정하지 않는 현세 종교였지만 가톨릭의 성
축일을 본떠 실증주의 달력을 만들었다. 이 달력에는 콩트가 판단할
때 인류사에 큰 족적을 남긴 것으로 보이는 558명의 인물이 새겨졌다.
1월, 2월, 3월과 같은 달의 명칭은 모세월, 호메로스월, 아리스토텔레
스월, 카이사르월, 단테월, 구텐베르크월, 셰익스피어월, 데카르트월
따위로 바뀌었다.

그런데 이들 체계에서 중요한 사항은 인민이 지도집단을 신뢰, 심
지어 신봉해야 한다는 점이었다. 인민이 스스로 판단하거나 행동하려
들지 않고 이 영적 지도자들을 철저하게 믿는 경우에만 사회가 프랑
스혁명 같은 격변을 다시 겪지 않은 채 진보를 향해 안전하게 전진할
수 있다는 것이 그 이유였다. 다른 수많은 19세기 사상가들과 마찬가
지로 생시몽과 콩트는 혁명이 한번만 더 반복되면 유럽은 회복할 수
없을 만큼 파괴될 것이라고 판단했다. 그들의 관점에서는 혁명의 반복
을 막고 민주주의의 가능성을 차단하는 것만이 인류가 진보할 수 있
는 방법이었던 것이다.

③혁명을 교정하라

19세기 자유주의자들은 산업주의와 실증주의가 추구하는 진보의
조건이 인간의 지성을 과도하게 억압한다고 생각했기에 앞서 말한 전
망을 부정했다. 자유주의자들은 진정한 진보를 이룩하기 위해서 강력
한 영적 지도체제를 구축할 게 아니라, 오히려 사람들이 자유롭게 생
각하고 실험적으로 행동할 수 있는 환경을 조성해야 한다고 판단했다.

그렇다고 해서 자유주의자들이 민주주의에 호의적이었다고 생각해

서는 안 된다. 오히려 자유주의자들은 민주주의가 바람직한 사회적 환경을 조성하기보다는 산업주의·실증주의만큼이나 강력한 억압을 만들어낼 것이라고 우려했다. 즉 그들은 산업주의도, 실증주의도, 민주주의도 원하지 않았고, 오로지 인간이 전적으로 자유롭게 정신을 계발하도록 허용되는 경우에만 진보가 가능하다고 생각했다. 그리고 민주주의는 **조용한 억압**을 통해 사회 전체의 사고방식을 획일화하고 소수의 목소리를 짓누를 것이 확실하다고 염려했다.

그러나 동시에 자유주의자들은 민주주의는 막을 수 없는 역사의 거대한 물결이라고 생각했다. 이처럼 원치 않는 숙명 앞에서, 19세기에 자유주의 진영을 형성한 이름난 사상가들은 그들이 **대중의 사회적 독재**와 **조용한 전제정치**라고 부른 상황, 즉 다수의 목소리가 소수의 의견을 묵살하고 탄압하는 상황이 오는 것을 막기 위해 깊은 고민을 거쳐 자유주의 원칙들을 탄생시켰다.

조금 더 구체적으로 살펴보면, 먼저 콩스탕^{Benjamin Constant}은 **고대인의 자유**와 **근대인의 자유**를 엄격하게 구분하자고 주장했다. 이를 통해 그는 몇 가지 목표를 이루고자 했는데, 첫째는 19세기 유럽이 고대인의 자유를 추구하지 않도록 하는 것이었다. 즉 사람들로 하여금 (고대인의) 정치적 자유보다 (근대인의) 경제적 자유를 중시하고, (고대인의) 국가적 개혁보다 (근대인의) 개인적 성취에 집중하게 만들고자 했다. 이런 도식은 당시 기준으로 보아도 과도하게 경직되었으며 역사적으로 틀린 것이었지만, 정치적이고 수사적인 전술로서는 더할 나위 없이 효과적이었으며 뒤누아예^{Charles Dunoyer}를 포함한 당대 자유주의 지식인들에게 큰 영향을 미쳤다.

둘째는 정부가 시민사회에 간섭하지 않고 언론의 자유, 상업의 자유, 종교의 자유, 직업 선택의 자유와 같은 원칙을 확실하게 보장하도록 만드는 것이었다. 그 근거는 18세기 상업사회 개념에서 유래했다. 즉 고대와 달리 근대에 이르러 상업사회라는 역사적 발전단계를 거친 뒤에는 사회가 너무나 복잡해져서 정부가 인위적으로 사회를 설계·조종하려는 시도가 실패할 수밖에 없다는 것이다. 콩스탕이 볼 때 민주정은 오직 고대인을 위한 정부형태였고, 근대인에게 필요한 것은 자유주의 원칙에 입각한 정부였다. 그것이 공화정인지 왕정인지는 중요하지 않았다.

이는 기조François Guizot에게도 마찬가지였다. 기조는 유럽사, 그중에서도 영국사에 정통한 젊은 역사가로 이름을 날렸고 프랑스 정부를 이끄는 자리에까지 올랐는데, **이성의 주권**이라는 개념을 제시해서 이목을 끌었다. 그에게 중요한 것은 사회가 이성에 의해 통치되는 것이었으며, 통치의 정점에 세습군주가 있는지 없는지는 문제가 되지 않았다. 기조는 모든 사회가 자연스럽게 통치 구조를 갖추게 되는 법이므로 어떤 인위적 사회계약도 필요하지 않다고 말한 뒤, 이 통치의 원리를 올바로 이해해야만 혁명의 재발과 같은 정치적 재난을 피할 수 있다고 주장했다.

기조의 역사관에서 1789년 프랑스혁명은 1640년대 영국혁명을 계승하여 완성한 것이었다. 17~18세기의 계몽은 혁명에 이르렀고, 구체제를 파괴했다. 혁명이 많은 사람들에게 고통을 줬지만, 혁명으로 인해 파괴된 구체제는 그에 비할 바가 아닐 만큼 크나큰 구조적 폭력과 고통을 초래했었기 때문에 혁명의 발생은 정당한 것이었다고 평가했다. 그럼에도 어쨌든 혁명이 초래한 재난이 사회를 밑바탕에서부터 파괴했기 때문에 기조는 다시는 혁명이 반복되지 않도록 해야 한다고 생각했다. 그리고 이를 위해서는 혁명가들이 채택했던 원칙, 즉 **인민주권**의 원칙과 **일반의지에 따른 입법**이라는 원칙을 폐기하고 이성의 주권이라는 원칙을 따라야 한다는 것이었다.

이 주장의 논리는 다음과 같이 요약할 수 있다. 모든 사회는 언제나 특정한 존재의 절대적인 권력 아래에 놓인다. 그런데 이 절대적인 권력을 쥐는 것은 1인도, 소수도, 다수도, 전체도 아니다. 절대적인 권력의 소재지는 바로 **이성**이다. 왜 그런가 하면, 개인의 행동을 규제하는 원칙이 그의 의지가 아니라 그에게 부과된 법인 것처럼, 개개인의 합계에 불과한 사회도 마찬가지로 사회적 의지가 아니라 사회에 부과된 법에 의해 규제되어야 하기 때문이다. 아무리 도둑질을 하고 싶어도 도둑질하지 말라는 법은 지켜야 한다. 특정 집단이 이 법을 지키지 않기로 결의하더라도 법은 여전히 법이다. 신이 인류에게 내려준 **영원불변**의 법률들이 있다. 이 법률들이 이성과 도덕이다. 이 법률들이 주권을 갖는다. 그러므로 사실 어떤 개인이나 집단도 주권을 가질 수 없다. 의지는 주권과 무관하다. 주권은 의지가 아닌 이성에서 나오는 것이며, 사회는 **이성의 절대적 통치** 아래에 놓인다. 기조는 이런 방식으로 인민의 의지에 어떠한 통치권도 부여하지 않을 이론적 방법을 고안해냈다. 이러한 논리 체계는 명백하게 자연법과 중농주의 세계관에서 이어져 내려온 것이다.

여기서 문제가 되는 것은 이성의 내용을 확인하고 그로부터 유래하는 법률들을 확정할 현실적 방편이 무엇인가 하는 점이다. 기조는 이성의 알맹이를 확인하는 과정에서 절대적으로 필요한 것이 바로 자유라고 말한다. 자유가 가장 중요한 가치이기 때문이 아니라, 자유를 가져야만 사람들이 독서, 사색, 토론, 선거를 통해서 진정으로 이성과 도덕에 부합하는 신적 법률이 무엇인지 발견할 수 있기 때문이다. 기조가 볼 때 인간의 본성은 불완전하며, 신이 부여한 완전한 법률을 발견하는 일은 언제나 완벽하게 달성될 수 없으므로 사회 전체가 꾸준히 노력해야만 한다. 즉 그에게 자유는 목적이 아니라 수단이다. 이처럼 자연법을 계승한 기조는 투표의 성격을 다음과 같이 규정한다.

> **선거인은 선출된 대표들에게 "이것이 우리의 의지이니 이것이 법이 되게 하라"고 말하지 않는다. 선거인은 대표들에게 어떠한 구체적인 의무도 부과하지 않는다. 선거인은 다만 대표들에게 이성에 따라 사안을 검토하고 결정할 임무를 부여할 뿐이다. 선거인은 반드시 자신이 뽑는 대표들의 계몽된 정신을 신뢰해야 한다.**

이것이 17세기 자연법 전통 위에 세워진 19세기 자유주의 대의정부 이론의 핵심이다. 여기서 투표는 **유권자**가 자신의 주권을 행사하는 행위도 아니고, 자신의 의지에 따라 법을 만들기 위해 대리인을 뽑는 행위도 아니다. 기조의 자유주의에서 투표는 **선거인**이 자신보다 우월한 지성을 가진 자들을 선출해서 **이성의 목소리**를 듣게 하고 그들이 그 이성에 따라 자신들을 통치해주기를 바라며 단체로 치르는 시험이다.

비록 개념어들의 명칭은 다를지언정 이는 시에예스가 1789년부터 일관되게 주장한 프랑스혁명기 대의정부론의 알맹이와 일맥상통한다. 시에예스와 혁명기 보수공화파에게 국회는 대표들이 모여서 토론 끝에 진정한 일반의지의 내용을 확인하는 곳이었고, 기조에게 국회는 대표들이 모여서 토론을 통해 이성의 법칙을 밝히는 곳이었다. 선출된 대표는 계몽, 이성, 능력의 차원에서 자신을 뽑아준 사람을 뛰어넘는다. 그러므로 대표는 어떠한 이유로도 투표자의 뜻에 구속되지 않는다. 이 원칙을 고수하지 않으면 사회는 민주주의의 늪으로 끝없이 빠져들고, 혁명과 공포정치와 파리 민중의 봉기라는 망령이 되살아날 것이었다. 이런 두려움이 혁명 전보다 더욱 강하게 19세기를 지배했다.

이 두려움에 대응하는 자유주의 전술의 또다른 사례로 토크빌 Alexis de Tocqueville 과 밀 John Stuart Mill 을 들 수 있다. 토크빌은 『미국의 민주주의』 De la démocratie en Amérique 에서 정부형태나 대의제보다 습속에 더 큰 비중을 두고 민주주의의 겉과 속을 분석했다. 그는 북아메리카에 정착하여 미국이라는 독립국가를 수립한 유럽인의 후예들이 원주민을 밀어내고 서부를 향해 영역을 넓혀가는 과정이 유럽에서 민주주의의 세력이 확장되는 것과 유사한 구조를 보여준다고 진단했다. 명예와 용기를 중시하는 인디언의 문화는 유럽 구체제의 귀족적 가치와 흡사하고, 그들을 학살하는 미국인의 문화는 평등을 중시하지만 멍청하고 무모한 민주주의의 본성과 비슷하다는 것이다.

토크빌은 이처럼 귀족적 가치에 대한 강한 향수를 내비쳤다. 그는 민주주의가 궁극적으로 승리할 수밖에 없다는 숙명론적 전망을 내비쳤지만, 그 승리로 말미암아 서구 사회는 여러 고전적 가치를 상실하게 될 것이라는 강한 우려도 표시했다. 이 문제를 해결하기 위해서 토크빌은 민주주의가 지배하는 사회가 도래하더라도 사람들이 자신과 가족의 안위에만 몰두하지 않고 공적인 문제에 관심을 가져야 하며, 의견의 대립을 억압하지 않고 오히려 그런 대립의 존재가 사회에 유익하다는 점을 인지해야 한다고 호소했다.

밀도 토크빌과 비슷한 문제의식을 공유했다. 그는 민주주의가 획일적인 사회를 지향하게 만들고, 그 과정에서 하나의 다수 의견이 사람들의 다양한 의견을 억압하게 될 것이라 염려했다. 심지어 더 큰 문제는 사람들이 소외되기 싫어서 자발적으로 다수의 견해를 내면화하게 되는 것이었다. 그러나 밀은 토크빌과 달리 귀족적 가치에 대한 향수를 느끼지 않았다. 그는 역사가 긍정적인 방향으로 진보하리라고 믿었고, 의견 대립의 자유를 존중하고 대의정부를 적절하게 설계하면 민주주의가 초래할 억압의 문제를 해결할 수 있다고 판단했다. 이른바 무지한 다수의 강압적 지배가 발생하지 않게 하려면 어떤 방식으로 통치 구조를 설계해야 할 것인지가 여전히 핵심 문제였다.

밀은 자신이 내놓은 대의정부의 정치적 설계도에서 **복수투표제**를 제안했다. 유권자 중에서 교육을 더 많이 받은 사람은 1인 2표, 나아가 3표, 4표도 행사할 수 있도록 허용하자는 것이다. 노동자·민중이 1표를 행사할 때 지식인은 4표를 행사하는 선거는 고대 그리스의 기준으로도, 15~17세기 르네상스와 자연법의 기준으로도, 18세기 상업사회론의 기준으로도, 19세기 사상가들의 기준으로도 전혀 민주적이지 않았다. 이 제도는 대의정부를 통해 민주적 요소를 억누르기 위해 고안된 것이다. 이 점에서 밀의 대의정부 이론은 **이성의 주권** 개념에 토대를 둔 기조의 대의정부 이론과 일맥상통한다. 비록 밀이 기조보다 훨씬 더 의견의 다양성을 존중했지만, 두 사상가 모두 투표를 주권자의 의지가 투사되는 절차가 아니라 여러 현명한 의견들을 수합하고 비교하여 계량하는 과정으로 간주했다는 차원에서는 같은 원리에 입각해 있었다.

▌혁명 이후의 공포

민주주의를 놓고 보면 19세기의 문제의식은 18세기 이전과 같으면서도 달랐다. 19세기 유럽의 사상가들은 앞 시대의 지식인들과 마찬가지로 민주정에 대한 끝없는 공포에 시달렸다. 특히 인민이 엘리트의 지도를 받아들이지 않고 저항하여 사회의 질서가 불안정해지거나 뒤집힐지도 모른다는 염려는 전혀 사라지지 않았다. 차이가 있다면 오히려 프랑스혁명이라는 경험으로 인해서 그 염려가 더욱 강해졌다는 점이다. 이제 통치 엘리트의 관점에서 민중의 봉기와 반란은 이전보다 훨씬 현실성 있는 위험이 되었다. 여러 산업도시에서 노동자 봉기가 빈발하고 옛 혁명가들이 망명객으로 유럽을 배회하는 상황에서 민주정의 위협은 역사적 교훈을 넘어 무서운 현실이 되어버린 것이다.

하지만 혁명 이전과 비교해서 19세기에 초점이 바뀐 부분도 있다. 18세기와 혁명기까지만 해도 지식인 계층이 민주정을 두려워한 궁극적인 이유는 **로마사의 교훈**에 근거를 두고 있었다. 인민이 권력을 잡으면 결국 인기를 얻은 장군에게 정권이 넘어갈 것이라는 문제의식이 핵심이었다. 그러나 19세기 지식인들은 민주주의로 인해 군사정권이 수립될 것을 염려하기보다는, 교육받지 못한 다수의 견해가 획일적이면서 억압적인 힘을 갖게 되어 의견의 다양성이 무시될까 걱정했다. 18세기에는 여론이라는 단어가 일차적으로 지식인들의 생각을 가리켰다. 그러나 프랑스혁명기에 민중이 대거 정치에 참여한 경험을 쌓은 뒤 19세기에 이르면 **여론**이라는 말이 사회 전체의 생각을 가리키기 시작했다. 18세기 지식인들은 **여론의 통치**를 주창했으나 19세기 지식인들은 **여론에 맞선** 실증주의 또는 자유주의 체제를 지지하게 되었다. 양상은 바뀌었지만 민주주의에 대한 공포는 생생하게 살아남았다.

11

현대정치와 민주주의의 역사성

20세기 이래 우리는 대체로 민주주의가 실현된 국가에 살고 있다고 생각하는 경향이 강하다. 널리 퍼진 서사에 따르면 고대 그리스 이래로 서양의 민주주의는 약간의 부침을 겪었지만 **꾸준히 발전**해서 결국 지금에 이르렀다고 한다. 그러나 이 서사는 틀렸다. 사실 프랑스혁명 이전의 긴 역사에서 민주정은 고대 그리스 도시국가나 근대 초기 스위스 몇몇 산골짜기에서만 잠시 존재했을 뿐이다. 그 기간 내내 민주주의는 언제나 강력하고 일관된 경멸과 증오의 대상이었다. 각 시대의 주류 사상은 각자 나름의 이유로 민주주의를 두려워했고, 민주정이 도래하는 것을 막기 위해 견고한 이론적 방파제를 세웠다.

민주정이 국가와 문명을 멸망으로 이끌 것이라는 생각이 당연하게 받아들여지는 동안에는, 이것은 비교적 간단한 문제였다. 그러나 프랑스혁명을 거치면서 민주주의는 하나의 현실적 대안으로 제시되고 이론으로 구축되었다. 특히 파리와 지방 도시들에서 혁명기 10년간 활발하게 전개된 민중의 정치 참여는 이 이론이 현실로 바뀔 수 있다는 신념을 갖도록 만들었다.

민주정의 지지자들에게는 이러한 상황 변화가 희망이었다. 그러나 통치집단 내에서 그들은 여전히 소수였고, 다수 엘리트 지식인은 혁명기에 여러차례 발생한 민중 봉기와 클럽의 열띤 민중 정치를 혐오했다. 1793~1794년 공포정치와 로베스피에르는 민주정이라는 끔찍한 유령을 상징하는 이름이 되었다. 19세기 사상가들 대부분은 민주정의 도래를 막거나, 적어도 민주주의라는 이름을 제거할 수 없다면 그 핵심 요소라도 제거하려고 노력했다. 여기서 승리한 자유주의자들은 주권 이론과 투표를 떼어놓는 이론을 만드는 한편, 기존의 민주정 개념에 새겨진 급진적 전망을 모두 씻어냈다. 이로부터 **자유민주주의**가 탄생했다.

▎ 자유민주주의

'자유민주주의'[liberal democracy]라는 단어는 그것이 등장한 19세기의 기준으로 보면 기만적이다. 이 개념을 구성하는 형용사(자유/liberal)와 명사(민주주의/democracy) 간 수식 구조와 각각의 비중을 고려할 때, **자유민주주의**는 자유주의적 요소가 가미된 민주주의라야 한다. 그러나 실제로 의도되고 실현된 것은 민주주의의 무늬를 띤 투표제 위에 수립된 자유주의 정부였다. 그런 점에서 자유민주주의보다는 차라리 **투표자유주의**라는 말이 더 어울린다.

그러나 세월이 흐르면서 더이상 이런 기만은 우리 눈에 보이지 않게 되었다. 사람들은 자유민주주의라는 이름의 자유주의 체제에 익숙해졌고, 20세기 냉전을 거치면서 자유민주주의는 민주주의 자체와 동일시되기에 이르렀다. 민주주의라는 이름을 자유주의가 집어삼킨 것이다. 자유주의자들의 이같은 전술적 성공에서 3가지 시사점을 떠올려볼 수 있다.

첫째는 민주주의라는 단어가 지닌 **민치**라는 의미를 퇴색시키려던 자유주의자들의 전술이 성공했다는 점이다. 심지어 자유주의자들은 투표의 의미를 **주권 행사**가 아닌 **의사 표명**으로 바꿨고, 이로써 **민치**民治뿐 아니라 **민주**民主라는 의미조차 삭감하려고 시도했다.

둘째는 이런 시도가 무색하게도 현재 널리 퍼진 '민주주의＝자유민주주의＝대의민주주의' 관념에서 투표는 주권의 간접적 행사로 간주된다는 점이다. 19세기 자유주의자들의 전략이 전부 성공하지는 못한 것이다.

셋째는 바로 그들이 구태여 '민주주의'라는 단어를 사용했다는 점이다. 사실 이것이야말로 의미심장하다. 프랑스혁명 전에는 민주주의라는 단어를 사용하는 것이 정치적 견해를 설득력 있게 표출하는 데 아무런 도움이 되지 않았다. 우리는 이미 앞 장들에서 혁명 전반기에만 해도 극소수 민주주의자들조차 중요한 순간에는 민주정이라는 단어의 사용을 자제했다는 점을 확인했다. 그러나 총재정부기에 대의민주주의 이론이 탄생한 뒤, 그리고 나폴레옹의 군사정권과 부르봉 왕가의 군주정을 다시 겪은 뒤의 19세기 지식인들은 달랐다. 그들은 민주주의라는 단어를 무조건 나쁜 뜻으로 쓰기보다는 그것에 담긴 위험 요소를 제거함으로써 **더 넓은 사회적 토대를 갖춘 정부**라는 의미를 새겨 넣고자 했다. 민주정을 지지했다기보다는 민주정을 전적으로 거부하는 모습을 드러내지 않으면서 민주적 요소를 온순하게 훈육하는 전술을 취한 것이다.

요컨대 19세기에 등장한 자유민주주의는 어디까지나 전통적인 대의정부를 다소간 개량하고 새 옷을 입힌 것에 불과했다. 그것은 인민이 직접 통치하는 민치정이 아니었으며, 심지어 인민이 주인이 되는 민주정도 아니었다. 그러나 여기서 민주주의는 이전과 달리 **완벽하게 나쁜 것**이 아니라 **길들여서 수용해야 하는 것**으로 인식되었다.

그런데 더욱 놀라운 것은 먼저 민주주의라는 단어의 의미가 민치정 혹은 민주정에서 자유민주주의로 바뀌고, 그후 다시 자유민주주의가 민치정은 아니지만 간접적인 민주정이라는 의미를 갖게 되는 과정이 진행된 뒤, 이제는 민주주의가 **당연히 좋은 것**으로 전제되는 시대가 되었다는 사실이다. 미운 오리 새끼가 당당한 백조로 성장한 것이다. 국가에서 민주적 요소를 덜어내는 것을 목표로 삼는 이론들이 경쟁하던 시대는 갔다. 지금은 더욱 민주적인 사회를 만들기 위해서 어떻게 해야 할지를 두고 셀 수 없이 많은 이론적 논쟁이 전개되고 있다.

▎역사로 보는 민주주의

정치학자 마이클 세이워드Michael Saward는 민주주의의 다양한 유형을 설명하기 위해 오늘날 사회과학자들이 사용하는 용어를 정리했다: 전자 민주주의, 결사 민주주의, 경쟁적 엘리트 민주주의, 참여 민주주의, 집회 민주주의, 고대 민주주의, 직접 민주주의, 정당 민주주의, 청중 민주주의, 집계적 민주주의, 국민투표 민주주의, 선거 민주주의, 대의 민주주의, 위임 민주주의, 보호적 민주주의, 사법적 민주주의, 자유 민주주의, 사회 민주주의, 인민 민주주의, 산업 민주주의, 급진 민주주의,

기독교 민주주의, 다두제 민주주의, 다원적 민주주의, 담화 민주주의, 숙의 민주주의, 성찰 민주주의, 소통 민주주의, 통계학적 민주주의, 생태 민주주의, 세계시민적 민주주의 등 대단히 많다.

그러나 과연 이런 개념들 위에 구축된 온갖 정치이론 덕분에 우리가 민주주의에 대해 더 잘 알게 되었는지는 질문해볼 여지가 있다. 특히 민주주의라는 단어의 뜻이 어떻게 바뀌어왔는지에 주목하여, 이 단어를 더 엄밀하게 사용할 수 있도록 더 치열하게 고민하고 정확하게 생각할 필요가 있다. 역사상의 여러 공동체, 가령 중세 유럽의 자치도시들, 근대 초기 공화국들, 19세기 라틴아메리카 등에 자치회의나 선거 같은 요소가 있었다는 이유로 이들 사회의 정치 제도를 무작정 민주주의라고 볼 수는 없다. 우리 사회에서도 대통령과 국회의원을 투표로 뽑으니까 **민주주의**라는, 손쉬운 사고방식을 버려야 한다. 고대 중동이나 그리스에서 21세기로 이어지는, 약간이라도 자치적 성격을 지닌 온갖 사회들의 이야기를 모자이크로 만들어서 민주주의의 역사라고 부르는 것은 과하게 엉성한 접근법이다.

심지어 오늘날 동서양을 통틀어 민주국가라고 불리는 나라 대다수는 **선출되지 않은** 법관과 관료가 인민의 선택권과 지배권을 극적으로 제한하는 제도를 채택하고 있다. 즉 투표로 선출된 정부 수반이 입안하고 투표로 선출된 의회가 통과시킨 법률로 특정한 정책을 추진하더라도, 헌법재판소와 같은 비선출 기관이 그러한 정치적 결정을 무효로 되돌릴 수 있는 상황이다.

그렇다면 한 나라나 사회가 어느 정도로 '민주적'인지를 측정하는 것이 과연 가능할까? 20세기 정치학자들은 여러 나라 중 어디가 더 많이 민주화되어 있는지를 계량화해서 줄 세우는 작업을 시도했다. 몇몇 지표를 설정해, 어떤 나라의 민주주의가 얼마나 **발전**한 상태에 있는지를 수치화해서 제시하고, 이후 추이를 살펴 그 나라의 민주주의가 시간의 흐름에 따라 얼마나 더 발전 혹은 퇴보했는지 확인한다는 접근이다. 그러나 단순히 권력분립과 대의제 작동 여부와 몇몇 추가적인 기준으로 민주주의를 정의하는 이 연구들의 접근방식은 몰역사적이며, 지표를 선택하는 과정도 자의적일 수밖에 없다. 그런 방식으로는 한 사회의 민주주의를 근본적으로 측정·이해·개선할 수 없다. 민주주의를 쉽사리 정의하고 계량하려 들기보다는 그것이 과연 무엇인지 생각해보고, 그것을 어떤 자세로 대해야 할지 고민해야 한다.

민주주의는 좋은 것일까, 나쁜 것일까? 이 문제에 대한 **해답**을 찾기는 몹시 어렵고, 역사를 살펴보아도 확실하고 불가역적인 승리를 거둔 견해나 논리는 발견되지 않는다. 이 책에서 우리는 손쉽게 써내려갈 수 있는 민주주의 승리의 서사 대신에 복잡성을 인정하는 지성사적 접근을 취함으로써 서구에서 **민주주의, 민주정, 민치정**이 왜 수천년 동안 배척되어왔는지 그 이유를 살펴보았다.

민주주의가 공포와 혐오의 대상이었던 가장 중요한 이유는 무엇인가? 통치하는 엘리트 집단이 민중의 의지와 목소리를 경멸하고 두려워했기 때문이다. 민주정의 본질은 무엇인가? 바로 인민이 통치하는 정부형태라는 점이다. 즉 민주주의·민주정의 본래 의미는 **민치정**이다. 사실상 엘리트 통치집단과 구분되지 않는 기업인, 언론인, 법조인, 의료인이 지배력을 행사하는 국가는 그들의 통치가 투표와 대의제에 정당성을 두고 있다 하더라도 결코 민주정이 아닌 것이다. 그것은 대의제를 활용하는 투표 귀족정이다. 이것이 민주주의에 대한 역사적 고찰에서 얻을 수 있는 교훈이다.

실제로 민주정이 귀족정보다 더 **나은** 정부형태인지에 대해서는 고민해볼 필요가 있다. 현실에서 어떤 통치방식이 더 **우월**한지 판단하기 위해서는 판단의 기준이 필요한데, 이 기준을 세우는 단계에서부터 의견의 불일치가 나타날 것이다. 사실 수백만, 수천만, 수억명에 달하는 인민이 만장일치의 답을 내놓는 경우는 거의 존재하지 않으며 앞으로도 그럴 것이기 때문이다. 검토의 모든 단계에서 의견 불일치가 발생한다면, 무엇이 더 **나은** 정부형태인지에 대해서는 모두가 만족할 답을 내놓기 어렵고, 특정한 답을 타인에게 강요할 수도 없다. 설령 통치구조의 민주적 정당성을 확보하면 군주정이나 귀족정보다 도덕적으로든 경제적으로든 군사적으로든 더 우월한 사회가 만들어질 수 있을 것이라고 가정하더라도, 그러한 정당성을 인민의 일치된 의지에서 찾는 형식논리가 실제로 완전히 실현된 순간은 존재한 적이 없으며, 장차 도래할 것을 기대할 수도 없을 것이다.

┃민주주의는 무엇인가

이러한 난관들 앞에서 우리가 디딜 첫걸음은 민주주의의 역사성을 인식하는 것이 되어야 한다. 비밀투표나 각종 형식적인 자유는 민주주의의 역사성이라는 관점에서 볼 때 부차적이고 경직된 것으로 보인다. 그런데 우리는 현실정치 속에서 민주주의를 고민할 때 바로 이런 경직된 기준들에만 묶여 있는 것은 아닐까? 민주주의의 단순한 원칙들을 인지하고, 그 내용이나 그에 대한 사람들의 인식이 역사적으로 꾸준히 변했다는 사실을 인정하면서 시대불변의 절대적 기준을 세우려는 욕심을 버리는 데서 출발한다면 우리는 다음과 같이 소박하게 민주정을 정의해볼 수도 있을 것이다.

민주정은 보통사람의 목소리가 통치를 좌우하는 정부형태이다.

이 경우에도 도대체 누가 보통사람인지, 특정 사안에 대해 **보통사람의 입장**이 과연 무엇인지를 파악하기란 어렵다. 그렇다고 난립하는 온갖 목소리들을 모두 혼돈 그 자체로서 받아들이는 것도 한 사회가 갖는 제한된 시간과 인지력을 고려할 때 비현실적이다. 그렇지만 위선이 악보다 낫듯이 민주정에서 보통사람의 목소리에 높은 가치와 권위를 부여하는 것 자체가 여러 부침을 겪더라도 장기적으로는 보통사람의 삶을 개선하는 데 도움이 되지 않을까? 우리는 이런 질문을 던지고 그 나름의 답을 가정해볼 수 있을 뿐, 확답을 얻기는 어려울 것이다.

현실적으로 정치인이건 언론인이건 기업인이건 간에 전문지식을 갖춘 지식인과 엘리트 통치집단이 보통사람의 목소리를 짓밟고 무시하면서 유유자적할 수 있다면 그것은 전혀 민주적이지 못한 사회의 모습이다. 어떤 정치인이 인민의 일반적인 견해에 대해 "너희는 틀렸으니 내 말을 따르라"는 방식으로 말한다면, 그 자신의 견해가 당대 사회의 기준에서 얼마나 진보적인지 또는 보수적인지와 별개로 그는 반민주적인 정치인이다. 반대로 어떤 정치인이 인민의 일반적인 견해에 대해 "내 입장과는 다르지만 귀 기울여 듣겠다"는 방식으로 말한다면, 그 자신의 견해가 당대 사회의 기준에서 얼마나 진보적인지 또는 보수적인지와 별개로 그는 민주적인 정치인이다.

　지금도 일부 정치철학자들은 인민주권, 만인의 참정권 및 자결권과 같은 관념이 유용하기보다는 위험하다고 주장한다. 그들은 민주정이 사회 전체에 해로운 결정을 내리게 만드는 구조적 결함을 갖고 있다고 믿는다. 이는 지금까지 살펴본 고대 철학자들, 근대 초기 공화주의자들과 자연법학자들, 18세기 계몽사상가들, 19세기 실증주의자들과 자유주의자들과 마찬가지로 인민 다수의 판단력이 교육받은 소수 계층의 판단력보다 명확히 열등하다고 전제하기 때문이다.

　이처럼 유구한 반反민주주의 입장을 물려받은 제이슨 브레넌Jason Brennan 같은 21세기 반민주주의자는 필기시험이나 여러 다른 방법으로 이른바 우수한 판단력을 갖춘 시민들을 골라내어 그들에게 중요한 국가적 사안에 대한 결정권을 맡겨야 한다고 주장했다. 이는 평화롭고 풍요로운 고복격양鼓腹擊壤의 시절이 오게 만들려면 오로지 충분한 지식과 능력을 갖춘 자들에게만 권력을 부여해야 한다는 입장이다. 그 근거인즉슨 시험을 치르지 않은 다수 인민이 투표권을 비롯한 참정권을 갖게 되면 그들의 무지와 고집 때문에 선량한 나머지가 피해를 입을 뿐 아니라, 그러한 피해를 면하기 위해서 투쟁하는 과정에서 인민 사이에 불필요한 갈등과 원한이 끊이지 않는다는 것이다.

　정치적 불안정성을 최대한 제거하고 인권 등의 원칙을 존중하면서도 효율적인 통치를 우선시하는 이런 자세는 19세기 자유주의가 15~17세기 자연법학과 여러 다른 사상적 전통으로부터 물려받아 20세기에 넘겨준 것이다. 그 바탕에는 야심찬 장군이나 부패한 정치인의 감언이설에 쉬이 속는 다수에 대한 혐오, 즉 무지몽매한 민주주의에 대한 공포가 깔려 있다. 그러나 인간사에는 정답이 없다. 사회와 세계의 작동 방식은 너무나 복잡하기에, 소수 집단이 머리를 맞댄다고 해서 문제에 대한 정답을 꼭 찾을 수 있는 것은 아니다. 또한 자칭 계몽된 소수 집단이라도 욕망과 아집으로부터 자유롭지 않다. 다시 말해 지적으로나 도덕적으로나 소수가 다수보다 더 나은 정치적 선택을 할 확률이 반드시 더 높지는 않다. 반민주적 자유주의자들은 기실 소수 엘리트가 인류사 대부분의 기간 동안 대부분의 나라를 통치했다는 사실, 그럼에도 그 지도자들이 인류사를 무수히 많은 전쟁과 학살로 뒤덮었다는 역사적 사실을 망각한 것이다.

18세기 말이 되어서야 등장한 근대 최초의 '민주주의자' 집단은 이런 비판적 통찰 위에 민주주의 이론을 건설했다. 애초에 그 이론은 다수의 판단력에 대한 신뢰를 자신의 수학적 토대로 삼았지만, 그것을 정치적 맥락 속에서 실제적인 운동의 강령으로 끌어올린 프랑스혁명기 민주파는 그들 사후 수백년 동안 지식인들을 괴롭힐 다음 문제들을 제기했다: 주어진 국가적 상황에서 최선에 가까운 판단과 의사결정을 확보할 수 있는 동시에, 부패하기 쉬운 인간의 나약한 마음을 제어할 수 있는 정치적 구조물은 무엇인가? 그런 구조물을 단번에 명확하게 설계하고 건설하는 것이 과연 가능한가? 인민과 그 대표자들이 그 구조물을 조금씩 더 개선할 수 있도록 허용하면서도 그 구조물을 함부로 파괴할 수는 없게 만드는 헌정 체제를 설계하는 것이 가능한가?

이 질문들에 대해 민주파가 심사숙고하여 내놓은 답안은 결국 혁명이 끝난 뒤 19세기에 파기되었다. 살아남은 혁명가들, 그리고 민주파를 계승하려고 시도했던 새로운 세대는 정치적 구조물과 헌정 체제만으로는 진정한 자유를 수립·보존할 수 없으며, 무엇보다도 인민 자신의 성찰과 각성이 필요하다고 믿었다. 그렇지만 그들이 목숨을 바쳐 건설한 공화국들에서 투표권을 획득한 인민은 곧 쿠데타를 일으킬 장군들에게 쉽게 권력을 쥐여주곤 했다. 그렇기에 자유주의 전통은 민주주의로부터 의심의 눈초리를 거두지 않는 것이다. 그들은 때로 보수의 이름으로, 때로 자유민주주의의 이름으로 진리의 담지자를 자처하며 인민을 "돼지 같은 대중"이라 불렀던 버크^{Edmund Burke}의 편에 선다.

그러나 민주주의자의 관점에서 볼 때 민주정의 힘은 인민의 지성에서 나온다. 이 지성은 책에서 나온 것이라기보다 삶에서 나온 것이다. 사람이 나서 울고, 기고, 걸음마를 하고 자아가 생기고 소리를 내지르고 고집을 피우고 청개구리 짓을 하며 키운 것이다.

분명 인민은 개별적이고 구체적인 선택에서 자주 속는다. 자신에게 해를 끼칠 사람에게 속아서 표를 주고 거짓 선동에 부화뇌동한다. 하지만 아무리 부유하고 교육을 많이 받은 사람이라도 자주 속고 오판하는 것은 마찬가지다. 큰 그림을 보는 것, 이것이 인민의 미덕이다. 전문가들이 세부적인 사항을 늘어놓고 나무에 붙은 버섯을 하나씩 뜯어보는 동안 인민은 숲을 보고, 바다를 보고, 하늘을 본다. 그리고 전문가들이 계산기를 두드릴 때 인민은 도덕적인 판단을 내린다. 인민의 판단은 대승적이다. 나무를 만져본 엘리트는 인민을 깔보지만, 엘리트가 보는 것은 나무에 불과하다.

인민을 이루는 보통사람들 개개인이 삶에서 익힌 지성이 개별적으로는 하잘것없어 보여도, 그것이 쌓이고 모이면 엘리트의 전문적 판단을 뛰어넘는 힘을 발휘할 수 있다. 이것이 콩도르세의 수식이 증명하고자 했던 바이고, 로베스피에르가 "인민의 명령은 벼락과도 같다"는 말로써 전하고자 했던 바이다. 민심이 천심이라는 옛말은 손바닥으로 하늘을 가릴 수 없다는 말과 일맥상통한다.

인류의 과거사는 우리에게 엘리트의 통치도 인민의 통치만큼이나 불완전했으며 어떤 지식도 영원불멸의 진리로 입증된 적이 없다는 점을 말해준다. 돌이켜보면 인민의 무지만큼이나 엘리트의 무지도 역사의 조명 아래 선명하게 드러난다. 우리는 오히려 통치와 정치의 불완전성을 선제적으로 받아들이고, 바로 이 무지 위에 사회를 건설해야 하는 것인지도 모른다. 세상에 완벽한 것은 없고 영원한 것도 없다. 그러니 오히려 완벽하지 않고 영원하지 않다는 이유로 거부해도 되는 것은 아무것도 없다.

주

02 "민주정은 무능한 방종 상태다": 고대 그리스와 로마

1 아리스토텔레스 『정치학』, 천병희 옮김, 숲 2009, 207면. 인용자가 번역문을 일부 수정함. 이하 2장 및 4장, 5장에서도 마찬가지.

2 같은 책 212면.

3 김진경 외 『서양고대사강의』, 한울 2011, 234면에서 재인용.

4 아리스토텔레스, 앞의 책 236면.

04 "신이 내린 의무가 인간의 권리를 규정한다": 자연법 전통

1 토머스 홉스 『리바이어던』 제1권, 진석용 옮김, 나남 2008, 176면.

2 같은 책 172면.

05 "자유로운 국가는 유지될 수 없다": 루소의 사회계약론

1 장자크 루소 『사회계약론』, 김영욱 옮김, 후마니타스 2018, 11면.

2 같은 책 10면.

3 같은 책 16면.

4 같은 책 16~17면.

5 같은 책 17면.

6 같은 책 35면.

7 같은 책, 같은 곳.

8 같은 책 27면.

9 같은 책 58면.

10 같은 책 65면.

11 같은 책, 같은 곳.

12 같은 책 66면.

13 같은 책 110면.

14 같은 책 84면.

15 같은 책 84~85면.

16 같은 책 85면.

17 같은 책 91~93면.

18 같은 책 120면.

19 같은 책 66면.

20 같은 책 173면.

21 같은 책 59~60면.

06 "민주주의는 고대의 낡은 유물이다": 계몽의 시대, 군주정과 공화정

1 Letter from François d'Ivernois to Jean-Jacques Rousseau, 1766년 12월 30일.

2 Letter from Marie Anne de Vichy-Chamrond, marquise du Deffand to Horace Walpole, 4th Earl of Orford, 1772년 2월 21일.

감사의 말

이 책은 필자의 박사학위논문에서 시작해서 필자가 한국어, 프랑스어, 영어로 출판한 논문들, 그리고 아직 출판하지 않은 연구를 종합한 것입니다. 다량의 1차 사료와 전문학술연구에 기반을 두고, 문제에 최대한 '역사적으로' 접근하기 위해 노력한 결과물입니다. 연구의 단계에서도 셀 수 없이 많은 사람에게 도움을 받았지만, 연구 결과를 학술서보다 쉽고 가독성 높은 단행본으로 바꾸는 과정에서 여러 동료들이 도움을 주었습니다. 문규환, 양하림, 현수진, 홍성표는 전체 원고를 읽고 귀한 조언을 주었고, 김한결은 책에 삽입된 회화를 찾고 정리하는 데 큰 도움을 주었으며, 이우창과의 대화에서는 공화국의 개복치 비유가 탄생했습니다. 이 자리를 빌려 고마운 마음을 전합니다. 흔쾌히 저자 추천사를 써준 데이비드 벨, 니컬러스 크롱크, 피에르 세르나, 막스 헌스베르, 리처드 와트모어에게도 감사드립니다.* 추천사는 하나같이

---

* I would like to express my sincere gratitude to David A. Bell (Lapidus Professor of History at Princeton University and Director of the Davis Center for Historical Studies), Nicholas Cronk (Professor of French Literature and Director of the Voltaire Foundation at the University of Oxford), Pierre Serna (Directeur de l'Institut d'Histoire de la Révolution française, Université

저자의 실제 능력이 못 미칠 만큼 과도한 칭찬 일색이지만, 앞으로 정진하라는 격려로 받아들이겠습니다. 무엇보다도 맥락을 꿰뚫어보는 편집자 박주용이 책의 기획 단계부터 함께해준 것에 깊이 감사드립니다. 주제를 살피는 섬세한 안목과 모든 소제목을 붙여준 그의 남다른 감각이 없었더라면 이 책은 탄생하지 못했을 것입니다. 물론 최종적으로 책의 내용에 문제가 있다면 그것은 모두 필자의 책임입니다.

Paris 1 Panthéon-Sorbonne), Max Skjönsberg (Leverhulme Early Career Fellow at Emmanuel College, University of Cambridge) and Richard Whatmore (Chair of Modern History at the University of St Andrews and Director of the Institute of Intellectual History) for their kind words of recommendation.

이 책에 녹여 넣은 저자의 연구논문

이 책을 쓰는 데 사용한 1차 사료와 연구문헌 목록은 아래 논문들에 수록된 주석과 참고문헌으로 갈음합니다. 이 책에 실린 필자의 주장을 추가로 검토하고자 하는 전문연구자는 아래 문헌들을 참조하기 바랍니다.

"The political economy of democracy in the French Revolution: Publicola Chaussard and the democrats under the Directory," *History of Political Thought*, 43:4 (2022), 729~758면.

「프랑스혁명에 대한 결산으로서의 19세기 정치사상」, 『사림』 78(2021), 507~538.

「근대 초기 유럽 자연법의 세계관과 정치사상」, 『역사교육』 159(2021), 281~311면.

「루소의 사회계약 이론에 대한 역사적 독해」, 『역사비평』 131(2020), 445~472면.

"Démocratiser le gouvernement représentatif? La pensée politique d'Antoine Français de Nantes sous le Directoire," *Annales historiques de la Révolution française*, 396 (2019), 71~93면.

"Condorcet and the viability of democracy in modern republics, 1789-1794," *European History Quarterly*, 49:2 (2019), 179~202면.

"The historical politics of Volney's *Leçons d'histoire*," *French Studies Bulletin*, 39:148 (2018), 43~47면.

"Sociability, natural jurisprudence, and republicanism in the French Revolution: Jean-Baptiste Salaville's empiricist science of the legislator," *French Studies*, 72:4 (2018), 505~520면.

"Volney and the French Revolution," *Journal of the History of Ideas*, 79:2 (2018), 221~242면.

"Pierre-Antoine Antonelle and representative democracy in the French Revolution," *History of European Ideas*, 44:3 (2018), 344~369면.

"Republicanism in the age of commerce and revolutions: Barère's reading of Montesquieu," *French History*, 30:3 (2016), 354~375면.

ORCID: 0000-0001-8168-1087

19면 작가 미상 「베르사유로, 베르사유로」(À Versailles, à Versailles), 1789, 프랑스국립도서관(BnF), https://gallica.bnf.fr/ark:/12148/btv1b8410839z/f1.item

36~37면 자크-루이 다비드(Jacques-Louis David, 1748-1825) 「소크라테스의 죽음」(La Mort de Socrate), 1787, 메트로폴리탄미술관, https://www.metmuseum.org/art/collection/search/436105

46~47면 위베르 로베르(Hubert Robert, 1733-1808) 「로마의 폐허」(Ruines romaines), 1776, 프티팔레(파리시립미술관), https://www.parismuseescollections.paris.fr/fr/petit-palais/oeuvres/ruines-romaines-0#infos-principales

56면 한스 제발트 베함(Hans Sebald Beham, 1500-1550) 「운명의 여신 포르투나」(Fortuna), 1541, 네덜란드왕립미술관, https://www.rijksmuseum.nl/en/collection/RP-P-OB-10.856

129면 윌리엄 덴트(William Dent, 1729-1799) 「루이 16세의 살해」(Hell Broke Loose, or, The Murder of Louis), 1793, 영국박물관(British Museum), https://www.britishmuseum.org/collection/object/P_1948-0214-450

132면 제임스 길레이(James Gillray, 1756-1815) 「파리풍의 가벼운 저녁식사, 또는 지친 하루를 보낸 상퀼로트 가족의 휴식」(Un petit Souper, à la Parisiènne, or A Family of Sans-Culottes refreshing, after the fatigues of the day), 1792, 영국박물관 (British Museum), https://www.britishmuseum.org/collection/object/P_1868-0808-6230

146~47면 피에르-자크 볼레르(Pierre-Jacques Volaire, 1729-1799)「베수비오 화산 분화와 나폴리 만」(Éruption du Vésuve et la baie de Naples), 18세기 후반, 몬테카 를로 코르시니 미술관, https://www.chateau-maisons.fr/Explorer/Nos-collections/une-eruption-du-vesuve-monumentale-par-pierre-jacques-volaire

157면 작가 미상「로베스피에르의 통치」(Gouvernement de Robespierre), 1794, 카르 나발레 박물관(Musée Carnavalet), https://www.parismuseescollections.paris.fr/fr/musee-carnavalet/oeuvres/gouvernement-de-robespierre

168면 작가 미상「인간은 평등하다. 출생이 아니라 오직 덕성만이 차이를 만 든다」(Les Mortels sont égaux, ce n'est pas la naissance c'est la seule vertu qui fait la différence), 1794, 프랑스국립도서관(BnF), https://gallica.bnf.fr/ark:/12148/btv1b69502888.item

178면 로즈 르누아르(Roze Lenoir, 생몰년 미상)「거대한 괴물에 대한 애국적 사냥」 (Chasse patriotique à la grosse bête), 1789, 카르나발레 박물관(Musée Carnavalet), https://www.parismuseescollections.paris.fr/fr/musee-carnavalet/oeuvres/chasse-patriotique-a-la-grosse-bete#infos-principales

199면 작가 미상「왕을 잡아먹는 인민」(Le peuple mangeur de rois), 1793, 프랑스국 립도서관(BnF), https://gallica.bnf.fr/ark:/12148/btv1b84120711.item

218~19면 작가 미상「유럽의 모든 왕좌에 대한 폭격」(Bombardement de tous les trônes de l'Europe et la chûte des tyrans pour la bonheur de l'univers), 1792, 프랑스국립 도서관(BnF), https://gallica.bnf.fr/ark:/12148/btv1b69482946.item